Auswahl des Hundes

Die Rolle des Hundes in der Gesellschaft	230
Wie der Mensch heute den Hund sieht	234
Passung des Hundes	240
Den passenden Welpen finden	243
Krankheiten von A bis Z	246

Anhang

Rassenregister	250
Sachregister	254
Adressen	255
Impressum	256

Horst Hegewald-Kawich

Hunde-rassen von A bis Z

➤ Beliebte Hunderassen aus aller Welt
➤ Extra: Den passenden Welpen finden

Inhalt

Rassegruppen

Hüte- und Treibhunde 6
Pinscher und Schnauzer,
Molossoide, Schweizer
Sennenhunde und andere 6
Terrier 8
Dachshunde 9
Spitze und Hunde
vom Urtyp 9
Lauf- und Schweißhunde 10
Vorstehhunde 12
Apportier-, Stöber- und
Wasserhunde 12
Gesellschafts- und
Begleithunde 14
Windhunde 15
Haltung so genannter
Kampfhunde 16
Fachausdrücke von A bis Z 18

Rassen im Porträt

Erläuterung der Porträts 24
Hunde für Anfänger 26
Hunde für Fortgeschrittene 27
Porträts 28

Rassegruppen

Bei der FCI, dem internationalen
Dachverband der Hundezüchter,
sind gut 300 Rassen registriert.
Sie werden in 11 Gruppen einge-
teilt. Im folgenden Kapitel finden
Sie die Charakteristika dieser
Gruppen beschrieben.

Gruppe 1
Hüte- und Treibhunde

Als der Mensch sesshaft wurde und Vieh züchtete, ließ er von großen **Hirtenhunden** seine Herden vor Raubtieren beschützen. Als die Schafherden immer größer, die Weideflächen aber kleiner wurden, benötigte man mittelgroße, flinke, ausdauernde und leicht lenkbare Hütehunde, die schnell lernten, die Schafe am Betreten der Kulturen zu hindern. Da Wölfe aber zu dieser Zeit so gut wie ausgerottet waren, wurden die mächtigen Hirtenhunde arbeitslos. Zum Glück existieren diese herrlichen **Herdenschutzhunde** noch in verschiedenen Rassen in süd- und osteuropäischen Gebirgsregionen sowie in Sibirien.

Hütehunde sind in der Regel leicht erziehbar und passen sich dem Menschen sehr gut an. Sie sind intelligent, nicht selten sensibel und durchwegs unterordnungsbereit und wachsam. Obwohl sie zum Wildern neigen, sind sie bei konsequenter Erziehung über den Gehorsam zügelbar. Großviehzüchter, Metzger oder Viehhändler brauchten zum eigenen Schutz und zum Treiben des Viehs harte, wehrhafte Hunde, so genannte **Treibhunde**, von denen der Rottweiler ein typischer Vertreter ist. So mancher Viehhändler hatte das Halsband seines Rottweilers so gearbeitet, dass es die gesamte Barschaft seines Herrn verbergen konnte. Ein Dieb hätte den Hund töten müssen, um an das Geld zu gelangen.

Gruppe 2
Pinscher und Schnauzer, Molossoide, Schweizer Sennenhunde und andere

Unter **Pinschern** versteht man eher kleine, glatt- oder rauhaarige Hunde. Sie wurden früher auch »Rattler« genannt, da ihre Hauptauf-

> **Typische Körpersprache des Border Collie beim Hüten von Schafen.**

Herdenschutzhunde – keine Familienhunde
Sie sind als Begleit- oder Familienhunde nicht geeignet, da sie
wegen ihres extremen Schutzverhaltens für Fremde zur Gefahr
werden können. In der Verteidigungsphase sind sie oft nicht
mehr steuerbar. Hirtenhunde dagegen fügen sich in der Regel
harmonisch in die Familie ein und sind gehorsamsbereit.
Treibhunde sind bei konsequenter Haltung brauchbare, unter-
ordnungsbereite Begleithunde.

gabe darin bestand, im Hof
und in den Ställen die Ratten und Mäuse kurz zu halten. Sie durften nicht streunen, und trotz erwünschter
Wachsamkeit war Bissigkeit
nicht gewollt. Der Deutsche
Spitz, der mit den nordi-
schen Spitzen nichts zu tun
hat, ist der klassische Wächter unter den Haus- und
Hofhunden.

Hunde, die allein schon
durch ihr bedrohliches Erscheinungsbild wie durch
einen massiven Körper und
Kopf, kräftigen Fang, Hän-
geohren und meist eine be-
achtliche Größe abschre-
ckend wirken, gehören zu
den **molossoiden Rassen**.
Diese mächtigen Haus- und
Hofbeschützer haben als gemeinsame Ahnen die Tibet-

Doggen und verbreiteten sich über die assyrischen Molosser weltweit. Diese Hunde gehören nur in verantwortungsvolle Hände. Die **Schweizer Sennenhunde** sind brauchbare Bauernhunde. Entlebucher und Appenzeller wurden neben ihrer Wächtertätigkeit als gute, flinke Viehtreiberhunde verwendet, wogegen Berner und Großer Schweizer Sennenhund (→ Foto Seite 7) neben der Wacharbeit auch noch als Zughunde gute Dienste leisteten.

Noch immer arbeitet der Jack Russell gern unter der Erde.

Gruppe 3
Terrier

Ganz gleich, um welche Terrierrasse es sich handelt, allen gemeinsam sind Mut, Intelligenz und Vitalität. Oft neigen sie zu Dominanz und Selbstständigkeit. Das befähigte sie, den Fuchs oder Dachs im Bau zu bekämpfen und aus der Röhre vor die Flinte des Jägers zu sprengen. Dies gab ihnen

Selbstbewusst (nicht stur!) blickt der Rauhaardackel in die Welt.

auch den Namen »Erdhunde« (Terra = Erde), also Terrier. Raubzeugbekämpfung in Feld und Flur sowie die Jagd auf Ratten und Mäuse waren ihre Aufgaben, die sie leidenschaftlich erfüllten. Überwiegend sind alle Terrierrassen brauchbare Begleithunderassen, wenn sie auch eine konsequente Haltung erfordern.

bau gezüchtet worden. Daher zeigen sie ein ausgeprägt selbstbewusstes Verhalten, das von vielen Menschen fälschlicherweise als Sturheit bezeichnet wird.

Gruppe 4
Dachshunde
(auch Dackel oder Teckel)

Wie der Name schon sagt, ist diese Hunderasse genauso wie die niederläufigen Terrier ursprünglich für die Jagd im Dachs- und Fuchs-

Gruppe 5
Spitze und Hunde vom Urtyp

Wahrscheinlich waren spitzartige Hunde die älteste Form unserer Haushunde. Während der **Spitz** in den nordischen Gegenden als

EXTRATIPP

Terrier – die besonderen Hunde
Bei ihnen ist alles besonders: vital, selbstbewusst, selbstständig, mutig, draufgängerisch, klug, bauernschlau, rauflustig, lauffreudig, spielfreudig, stur, eigensinnig, jagdfreudig, beschäftigungsfreudig, lernfreudig, aktionsfreudig, auch verschmust, treu, anhänglich.
Wenn Ihnen das alles bei einem Hund gefällt, dann sind Sie der ideale Partner für einen Terrier – außer für den Jagdterrier, den sollten Sie dem Jäger überlassen.

Jagd-, Schlitten- oder Hütehund eingesetzt wird, ist er in Deutschland mehr Wach- und Begleithund. Die japanischen Jagdhunde wie der Akita gehören zu den Spitzen. Die Ringelrute, der mehr oder weniger gedrungene, quadratische Körper, die steile Hinterhand, der spitze Fang und spitze Stehohren prägen ihr Erscheinungsbild. In ihren Wesenseigenschaften sind sie jedoch von Rasse zu Rasse sehr verschieden.

Unter der Klasseneinteilung »**Hunde vom Urtyp**« finden wir Canaan Dog, Pharaoh Hound, Mexikanischen und Peruanischen Nackthund und Basenji. Urtyp-Hunde zur jagdlichen Verwendung sind Kanarischer und Ibiza-Podenco, Cirneco dell'Etna und Portugiesischer Podengo. Diese windhundartigen, früher als mediterrane Laufhunde bezeichneten Jagdhunde jagen sowohl mit der Nase als auch mit den Augen.

EXTRATIPP

Spitze jagen gern
Die Deutschen Spitze sind nicht besonders an der Jagd interessiert. Der Wolfsspitz ist den Jägern besonders sympathisch, weil er gänzlich wildsauber ist. Alle nordischen Spitze aber gehören zu den leidenschaftlichsten Jägern aller Rassen und sind daher für Menschen, die mit ihren Hunden frei gehen wollen, nicht problemlos. Außer man wohnt sehr einsam.

Gruppe 6
Lauf- und Schweißhunde

Laufhunde verfolgen die Fährte von Großwild mit extremer Hetzleidenschaft und jagen in Meuten oder einzeln mit dem Jäger. Dabei verfolgen sie laut bellend (spurlaut) die Wildfährte. Der Jäger nennt dies liebevoll »das Geläut« seines Hundes.

So jagt der Podenco den Hasen und apportiert ihn.

Im Lauf der Zeit änderten sich sowohl die Jagdmethoden als auch die Bewaffnung der Jäger. So mussten auch die Jagdhunde für spezielle Zwecke neu gezüchtet werden. Die so genannten Leithunde, die für die Meute die Fährte des Wildes ausarbeiteten, wurden nicht mehr benötigt. Aus ihnen wurden

Bei uns ist das Jagen mit der Meute auf den Fuchs nicht erlaubt.

hoch veranlagte **Schweißhunde** herausgezüchtet, die in der Lage sind, angeschossenes (»schweißendes« = blutendes) Wild aufzufinden. Durch ständiges Lautgeben verraten sie dem Jäger ihren Standort.

EXTRATIPP

Hunde vom Urtyp
Die in der FCI-Liste unter diesem Namen bezeichneten Rassen heißen nicht umsonst so. Hundefreunde mit Hang zum Außergewöhnlichen bekommen begehrliche Augen, wenn ihnen die »Urtypischen« unterkommen. Es sind durchwegs besondere Hunde, teils mit interessanten, wunderschönen Körpern oder besonders ursprünglichem Verhalten. Es sollte aber nur der wirkliche Kenner einen solchen Hund aufnehmen, wenn er dessen hohe Ansprüche auch voll erfüllen kann.

Fährtensuche in Feld und Flur beim Freilauf ist das Metier der Jagdhunde.

vorstehen, apportieren und mit genügend Mannschärfe dem Jäger Schutz bieten.

Irish Water Spaniel, ein Wasserhund mit Wasser abweisendem Fell.

Gruppe 7
Vorstehhunde

Mit der Entwicklung der Feuerwaffen züchtete der Mensch die **Vorstehhunde**. Sie zeigen das Auffinden des Wildes durch Heben eines Vorderlaufes an und erstarren gleichzeitig bewegungslos. Wenn sich der Jäger auf Schussweite genähert hat, scheucht der Hund auf Befehl das Wild auf, damit der Jäger zum Schuss kommt. Der Hund muss nicht nur schussfest sein, sondern soll auch das geschossene Wild sicher und ohne Beschädigung zum Jäger bringen (apportieren). Bei der heutigen Hegejagd sind hauptsächlich Mehrzweckhunde gefragt, die suchen, stöbern,

Gruppe 8
Apportier-, Stöber- und Wasserhunde

Alle Retriever-Rassen der Gruppe 8 gehören zu den Jagdspezialisten, den **Apportierhunden**. Der Name kommt aus dem Englischen: »to retrieve« heißt »auffinden, herbringen«. Es sind

EXTRATIPP

Nur für Jäger
Fast alle Laufhunderassen der Gruppe 6 und alle Vorstehhunde der Gruppe 7 sind ausgesprochene Jagdgebrauchshunde und gehören nur in die Hand eines Jägers. Ihr rassespezifischer Arbeitsanspruch ist so hoch, dass man ihn auch mit Ersatzbeschäftigungen wie Hundesport nicht erfüllen kann. Solche Hunde als Begleithunde zu halten grenzt an Tierquälerei.

Zurückbringen des Dummys macht der Retriever am liebsten.

sehr arbeitsfreudige, mittelgroße, kraftvolle und kompakt gebaute Hunde, die in der Regel mit »sanftem Biss« apportieren, das heißt, das Wild dabei nicht beschädigen. Sie meiden das Wasser auch im Winter nicht. Als Begleithunde sind sie relativ gut geeignet, wenn sie alternativ zu ihrer Jagdverwendung hundesportlich geführt und bewegt werden. Bei den **Stöberhunden** dominieren die verschiedenen Spanielrassen. Der Deutsche Wachtelhund ist die einzige

Ausnahme. Der Spaniel, gleich welcher Rasse, wird genau wie der Dackel immer mehr zum Begleithund. Das gilt auch für die **Wasserhunderassen**, für die der Irish Water Spaniel ein typischer Vertreter ist. Die Jagd auf Wasservögel ist ihre Leidenschaft. Im Haus sind sie leichtführig, dabei sehr intelligent. Sie sind sehr selten, sodass man um ihren Fortbestand fürchten muss.

Jagdlich geführte Hunde dürfen nach dem Tierschutzgesetz, § 6, Absatz 1, kupiert werden.

Gruppe 9
Gesellschafts- und Begleithunde

Durch ihre soziale Intelligenz und ihre enorme Anpassungsfähigkeit sind sie in der Lage, dem Menschen in der modernen Zivilisation ein wertvoller Gefährte zu sein. Ihre Größe reicht vom Zwerg bis zum mittelgroßen

Als »lachende« Begleiter zur Freude ihrer Menschen gezüchtet.

Hund. Ihr Fell ist nicht immer zweckmäßig, in der Hauptsache schön, wenn auch oft sehr pflegeintensiv. Einige haben außer einem mageren Schopf keinerlei Haare und müssen mit Sonnenöl geschützt werden. So manche Rasse ruft bei echten Hundefreunden Mitleid mit dem »missbrauchten« Hund hervor (Qualzucht). Wir finden in dieser Gruppe alle jene Rassen, die nichts

Windhunde jagen mit den Augen, die übrigen Jagdhunde mit der Nase.

anderes zu tun haben, als ihre Besitzer allein durch ihre Anwesenheit zu erfreuen. Und sie tun es mit enormer Anpassungsfähigkeit. Diese macht sie aber auch besonders leidensfähig. Verhaltensstörungen durch inkonsequente und vermenschlichende Haltung sind gerade bei den Gesellschaftshunden verbreitet.

Gruppe 10
Windhunde

Im Gegensatz zu den anderen Jagdhunden spielt bei diesen Sichtjägern die Nase eine geringe Rolle. Diese Laufhunde stellen die älteste Form der Jagdhunde dar.

Man nannte sie einst Hatzrüden, Saurüden, Hetzhunde oder Winde. Ihre Vorfahren stammen vermutlich aus den weiten Steppen Asiens oder aus den Wüstengebieten des Nahen Ostens und Afrikas. Dass sie auf Geschwindigkeit gezüchtet wurden, zeigt allein schon ihr Körperbau: hohe, sehnige Läufe, schlanker Körper mit gewölbtem Rücken. Ein tiefer, geräumiger Brustkorb bietet der Lunge und dem Herzen genügend Raum.

EXTRATIPP

Kriterien eines Begleithundes
Erwünschte Eigenschaften sind Wesenssicherheit, gute Führigkeit, mittlere Härte, enge Bindung, Schussfestigkeit, Apportiertrieb, Spieltrieb.
Auch Wachtrieb und Schutztrieb können vorhanden sein.
Unerwünscht sind Ängstlichkeit, Scheu, übersteigertes Misstrauen, Kampftrieb, Schärfe, Jagdtrieb.
Jeder Begleithund sollte eine Begleithunde-Prüfung nachweisen können.

Das Hetzen und Rennen ist ihr wichtigster Lebensinhalt. Windhundrennen hinter dem künstlichen Hasen sind ein notwendiger, aber immer noch kümmerlicher Ersatz für das extreme Hetzbedürfnis dieser Hunde. Jedes Tier, das sich schnell bewegt, kann diesen Hetztrieb auslösen und wird eventuell auch getötet, wenn der Windhund nicht angeleint ist. Während solcher Aktionen ist er über den Gehorsam nicht mehr zu beeinflussen. Im Wesen sind es geheimnisvolle, sensible, edle und anschmiegsame Persönlichkeiten. Wer diese wunderschönen Hunde liebt, sollte ganz streng prüfen, ob er ihre Bedürfnisse zu hundert Prozent erfüllen kann. Wenn nicht, dann sollte er auf die Anschaffung verzichten.

Für Kampfhunde wie Pit Bulls gelten strenge landesrechtliche Gesetze.

EXTRATIPP

FCI-Gruppe 11
In dieser Gruppe sind Rassen aufgeführt, deren Zuchtverbände bei der FCI den Antrag auf Rassenanerkennung gestellt haben und die vorläufig angenommen wurden. Im vorliegenden Fall handelt es sich um den Australian Shepherd (→ Seite 41) und den Weißen Schweizer Schäferhund (→ Seite 215). Deren endgültige Anerkennung als Rasse steht sicher kurz bevor.

Haltung so genannter Kampfhunde

Den Halter eines so genannten »Kampfhundes« (Hund mit gesteigerter Aggressivität und Gefährlichkeit) treffen eine Reihe von Vorschriften und Gesetzen. Da solche Hunde generell als gefährlich eingestuft werden, ist es in allen Bundesländern Pflicht, die Tiere anzumelden. Da diese landesrechtlichen Verordnungen nicht einheitlich sind und jeweils unterschiedliche Rassen als »Kampfhund« zählen, sollte man sich be-

Auch Mischlinge genießen Spiele im Wasser mit ihrem Menschen.

reits vor der Anschaffung eines solchen Hundes mit der speziellen landesrechtlichen Gesetzes- und Verordnungslage vertraut machen. Vielfach gilt für diese Hunde generell ein Maulkorb- und Leinenzwang auf öffentlichem Gelände, was nach der Rechtsprechung (OVG Münster, Az.: 5 B 3201/96 und Az.: 1 S 2683/94) zulässig ist und nicht gegen das Tierschutzgesetz verstößt. Beim Umzug in ein anderes Bundesland muss man sich mit den dort geltenden Hundehaltervorschriften vertraut machen.

EXTRATIPP

Mischlinge

Die Mehrheit aller Hunde sind Mischlinge. Die Tierheime sind voll davon, weil sie für viele Menschen keinen Wert haben. Sie sind entgegen landläufiger Meinung weder intelligenter noch gesünder als Rassehunde. Oft sind sie aber mit Verhaltensproblemen behaftet, da die Wesensqualität bei der Vermehrung nicht beachtet wurde oder weil die Hunde ausgesetzt wurden. Unterstützen Sie niemanden, der gezielt Mischlinge »fabriziert«. Es gibt genügend Hundeelend.

Fachausdrücke von A bis Z

➤ **Aalstrich**
Schmaler Streifen dunklerer Haare entlang der Wirbelsäule.

➤ **Abzeichen**
Andersfarbige Flecken im Fell des Hundes. Auch Marke.

➤ **Afterkralle**
oder Wolfskralle. Verkümmerte fünfte Zehe an den Läufen oberhalb der Pfoten. Am Hinterlauf bei manchen Rassen im Standard vorgeschrieben (z. B. Beauceron).

➤ **Ahnentafel**
Vom jeweiligen Zuchtbuchamt ausgestellter Abstammungsnachweis des Hundes; wird auch Stammbaum genannt.

➤ **Ankörung**
Feststellung des Zuchtwertes des Hundes, wenn mit ihm gezüchtet werden soll.

➤ **Apportieren**
Bringen von Gegenständen (auch Wild) durch den Hund, meist auf Befehl.

➤ **Befederung**
Längere Haare an Läufen, Ohren oder Rute.

➤ **Blue Merle**
oder Blauschecke. Bläuliche Tigerung im Fell.

➤ **Blutlinie**
Lückenloser Nachweis der Vorfahren des Hundes.

➤ **Brand**
Hellere, regelmäßige Abzeichen im dunkleren Fell des Hundes (z. B. Rottweiler).

➤ **CAC**
Abkürzung für »Certificat d'Aptitude au Championat«. Anwartschaft auf einen nationalen Siegertitel.

➤ **CACIB**
Abkürzung für »Certificat d'Aptitude au Championat International de Beauté«. Anwartschaft auf das Internationale Schönheits-Championat.

➤ **CACIT**
Abkürzung für »Certificat d'Aptitude au Championat International de Travail«. Anwartschaft auf den internationalen Arbeitstitel (für Gebrauchshunde).

➤ **Championat**
Siegertitel für Hunde, die dem Zuchtziel am nächsten kommen.

➤ **Chippen**
Einen Chip unter die Haut des Hundes spritzen. Damit kann man mit Hilfe eines Lesegerätes die Identität des Hundes erkennen.

➤ **Domestikation**
Haustierwerdung von Wildtieren und Züchtung zum Nutzen und für die Gesellschaft des Menschen.

➤ **Dominant**
Sichtbare Erbanlage, die andere Erbanlagen unterdrückt.

➤ **Drahthaar**
Kurzes, hartes → Stockhaar.

➤ **Fahne**
Lange Haare an der Rutenunterseite.

➤ **Fang**
Schnauze des Hundes vom → Stop ab.

➤ **Federn**
Lange, feine Haare an den Rückseiten der Vorderläufe (Setter, Spaniel).

➤ **Flanken**
Weichteile zwischen Rippen und Oberschenkel.

➤ **Fledermausohr**
An der Basis breites Stehohr mit abgerundeter Spitze (z. B. Französische Bulldogge).

➤ **Formwert**
Bewertung des Hundes, inwieweit er dem Rassestandard entspricht. Beispiele: vorzüglich, sehr gut, gut, genügend, ungenügend.

➤ **Gebäude**
Körperbau des Hundes.

➤ **Gestromt**
Dunkel gestreift auf hellerem Fell, wie beim Boxer.

➤ **Grannenhaar**
Deckhaar, überdeckt die → Unterwolle.

➤ **Hinterhand**
Hinterläufe, Keulen und Hüften.

➤ **Hitze**
Brunftzeit der Hündin etwa alle sechs Monate.

➤ **Hose**
Lange, weiche Haare an der Hinterseite der Oberschenkel des Hundes.

➤ **Kippohr**
Beim hohen Kippohr oder Überfallohr kippt nur die oberste Spitze nach vorn (z. B. Collie). Beim schweren Kippohr kippt das obere Drittel nach vorn (z. B. Foxterrier).

➤ **Klappohr**
auch Knopfohr. Hoch angesetztes, nach vorn fallendes, am Kopf dicht anliegendes Ohr.

➤ **Konstitution**
Ererbte Körperbeschaffenheit und körperliche Leistungsfähigkeit, abhängig von der Rasse, dem Geschlecht und den äußeren Gegebenheiten.

➤ **Kreuzung**
Paarung von verschiedenen Rassen.

➤ **Kruppe**
Hinterteil des Hunderückens, vom letzten Lendenwirbel bis zum Rutenansatz; wird gebildet vom Kreuzbein, den beiden Beckenbeinen und den bedeckenden Muskeln.

➤ **Kynologie**
Wissenschaft vom Hund. Von griechisch »kyon«, der Hund, und »logos«, die Lehre.

➤ **Marke**
Siehe Abzeichen.

➤ **Maske**
Meist dunkler pigmentierter Teil des Kopfes um den Fang oder auf dem Schädel.

➤ **Passgang**
Gleichzeitige Vorwärtsbewegung beider Läufe einer Körperseite.

➤ **Pfeffer und Salz**
Dunkles Deckhaar mit hellen Spitzen (z. B. Schnauzer).

➤ **Phänotyp**
Äußeres Erscheinungsbild eines Hundes.

➤ **Pigmentierung**
Farbstoffablagerungen an Nasenspiegel, Lefzenrändern und Lidrändern.

➤ **Rauhaar**
Nach verschiedenen Richtungen abstehendes, sich hart und rau anfühlendes, kurzes oder mittellanges Deckhaar (z. B. Rauhaardackel).

➤ **Reinrassigkeit**
Rassetypische Eigenschaften, die von reinerbigen Eltern weitervererbt werden.

➤ **Rezessiv**
Gegenteil von → dominant. Rezessive Erbanlagen sind im Erbgut versteckt vorhanden und erscheinen in späteren Generationen wieder.

➤ **Rosenohr**
Rückseite des Ohrs ist nach innen gefaltet, sodass das Innere der Ohrmuschel sichtbar wird. Die Spitze zeigt nach unten (z. B. Englische Bulldogge).

➤ **Schlag**
Gruppe von Hunden, die sich innerhalb einer kynologischen Rasse durch besondere Merkmale oder Eigenschaften abhebt.

➤ **Stammbaum**
Siehe Ahnentafel.

➤ **Stammbuch**
Verzeichnis aller Hunde, die

im jeweiligen Rasseclub gezüchtet werden.

➤ Standard
Beschreibung des Idealtyps einer Rasse, der vom jeweiligen Rasseclub des Ursprungslandes erstellt wird.

➤ Stichelhaar
Hartes, halblanges und raues Haar, das nur wenig absteht.

➤ Stockhaar
Wolfsartiges Haar, das aus mittellangem Deckhaar mit dichter → Unterwolle besteht (z. B. Deutscher Schäferhund).

➤ Stop
Stirnabsatz zwischen Schädel und Nasenbein.

➤ Tan
Englische Bezeichnung für Gelb- bis Rostbraun, z. B. Black and Tan Terrier.

➤ Tätowierung
Mittels Tätowierzange und Farbstoff im Ohr oder auf dem Innenschenkel eingestanzte Kennnummer.

➤ Trimmen
Ausrupfen der abgestorbenen Haare, um eine gleichmäßige, vom Standard vorgeschriebene Form des Hundes zu erhalten (z. B. Airedale Terrier).

➤ Trocken
Muskulöser Hund mit eng anliegender Haut ohne Fettablagerungen.

➤ Tulpenohr
Tulpenförmiges Stehohr (z. B. Deutscher Schäferhund).

➤ Überfallohr
Siehe Kippohr.

➤ Unterwolle
Wollige, weiche, feine Haare unter dem Deckhaar des Hundes (Winterpelz).

➤ Wamme
Lockere Kehlhaut (z. B. Bernhardiner).

➤ Widerrist
oder Schulterhöhe. Er liegt zwischen den Schulterblättern. Messpunkt der Größe des Hundes.

➤ Zucht
Gezielte Vereinigung von Rüde und Hündin gleicher Rasse, um Welpen mit den gewünschten Eigenschaften der Elterntiere zu erhalten.

➤ Zuchtgruppe
Vorführung von mindestens drei Hunden aus dem gleichen Zwinger auf einer Ausstellung. Die einzelnen Hunde müssen am gleichen Tag in der Einzelbewertung mindestens mit »gut« bewertet worden sein.

Hunde im Porträt

Die 200 beliebtesten Hunderassen nach den FCI-Namen geordnet und porträtiert. Jede Rasse mit Verwendung, Charakter und Haltung sowie Kurz-Info über Aussehen und Eignung.

Erläuterung der Porträts

(von Seite 28 bis 227)

Rassename: Darunter wird die Rasse bei der Fédération Cynologique Internationale (FCI) geführt.

auch: Weitere gängige Namen für diese Rasse.

Verwendung: Geschichte der Rasse bzw. Rassenentstehung, ursprüngliches Zuchtziel und ihre heutige Verwendung.

Charakter: Die wichtigsten Eigenschaften und Verhaltensweisen der betreffenden Rasse, ihr Verhalten in der Familie, gegenüber Fremden und anderen Hunden.

Haltung: Diese Bedingungen sollten gegeben sein, damit sich die jeweilige Rasse wohl fühlt.

Gesundheit: Krankheiten, die bei der Rasse auftreten können. Krankheiten von A bis Z → Seite 246 bis 249.

Geeignet für: Schätzen Sie Ihr Wissen und Ihre Erfahrung mit Hunden gewissenhaft ein.

Kurz-Info: Hier erfahren Sie, zu welcher FCI-Gruppe die Rasse gehört. Außerdem erhalten Sie Angaben zu Ursprungsland, Größe, Gewicht, Fell und Fellfarbe, Lebenserwartung sowie derzeitigem Welpenpreis.

Info-Kasten: Haltungsbedingungen auf einen Blick. Anzahl der »Pfötchen« (1–5) signalisiert Folgendes:

➤ **Erziehung:** Je schwieriger die Rasse erziehbar ist, desto mehr »Pfötchen«.

➤ **Stadt:** Je schlechter sich die Rasse für die Stadthaltung eignet, desto mehr »Pfötchen« besitzt sie. Ein »Nein« heißt, dass die Rasse nicht in die Stadt gehört.

➤ **Familie:** Je mehr »Pfötchen« eine Rasse aufweist, desto schlechter fügt sie sich in eine Familie ein.

➤ **Pflege:** Je intensiver der Pflegeaufwand bei der Rasse ist, desto mehr »Pfötchen« sind vergeben.

➤ **Beschäftigung:** Je mehr »Pfötchen«, desto größer ist der Aufwand, den Sie haben, um den Hund artgerecht zu beschäftigen. Als Ersatz sind die angegebenen Hundesportarten notwendig. Fachausdrücke von A bis Z werden auf Seite 18 bis 21 erklärt.

Erläuterung der Tabelle

Auf den Seiten 26 und 27 finden Sie 50 Rassen nach den Kategorien »Hunde für

> **Sportliche Betätigung ist für den aktiven Tervueren notwendig.**

Anfänger« (Seite 26) und »Hunde für Fortgeschrittene/Spezialisten« (Seite 27) sortiert. Hierbei gilt: Ein Anfänger in der Hundehaltung hat noch wenig Erfahrung. Fortgeschrittene/Spezialisten kennen sich mit verschiedenen Rassen aus und sind gewöhnt, auf die besonderen Eigenschaften einer bestimmten Rasse einzugehen.

Im Haus: Eignung für die Haltung in einer Wohnung bzw. ausschließliche Haltung im Haus.

✔ = schlecht geeignet,
✔✔ = mittel geeignet,
✔✔✔ = gut geeignet,
»**nein**« = ungeeignet.

Fitness: Der Aufwand, einen Hund artgerecht entsprechend seiner rassespezifischen Eigenschaften zu beschäftigen.

✔ = wenig Aufwand,
✔✔ = mittlerer Aufwand,
✔✔✔ = hoher Aufwand.

Pflege: Der Aufwand, den man mit der Pflege hat, z. B. Trimmen.

✔ = wenig Aufwand,
✔✔ = mittlerer Aufwand,
✔✔✔ = hoher Aufwand.

FÜR ANFÄNGER

RASSE	SEITE	IM HAUS	FITNESS	PFLEGE
Australian Shepherd	41	✔✔	✔✔✔	✔
Bearded Collie	50	✔✔	✔✔✔	✔✔✔
Berner Sennenhund	56	nein	✔	✔✔
Cairn Terrier	71	✔✔✔	✔✔✔	✔✔
Cavalier King Charles Spaniel	72	✔✔✔	✔	✔✔
Cocker Spaniel	79	✔✔	✔✔	✔✔✔
Collie (Langhaar)	81	✔✔✔	✔✔✔	✔✔
Dackel	84/85	✔✔✔	✔✔	✔
Dalmatiner	86	✔✔✔	✔✔✔	✔
Dt. Boxer	93	✔✔✔	✔✔✔	✔
English Springer Spaniel	103	✔✔✔	✔✔✔	✔✔
Eurasier	106	✔✔✔	✔✔	✔✔
Golden Retriever	113	✔✔✔	✔✔✔	✔✔
King Charles Spaniel	139	✔✔✔	✔	✔✔
Kromfohrländer	144	✔✔✔	✔✔	✔
Labrador	146	✔✔✔	✔✔	✔✔
Landseer	149	nein	✔✔	✔✔
Neufundländer	163	nein	✔✔	✔✔✔
Old English Sheepdog	168	✔✔	✔✔	✔✔
Pudel	121/141	✔✔✔	✔✔	✔✔✔
Shetland Sheepdog	198	✔✔✔	✔✔✔	✔✔
Spitz	204/205	✔✔	✔✔	✔
West Highland White Terrier	218	✔✔✔	✔✔	✔✔✔
Yorkshire Terrier	223	✔✔✔	✔✔	✔✔✔
Zwergschnauzer	226	✔✔✔	✔✔	✔✔✔

FÜR FORTGESCHRITTENE/SPEZIALISTEN

RASSE	SEITE	IM HAUS	FITNESS	PFLEGE
Afghane	29	✔	✔✔✔	✔✔✔
Airedale Terrier	30	✔✔✔	✔✔✔	✔✔
Akita Inu	32	✔✔✔	✔	✔
Alaskan Malamute	33	nein	✔✔✔	✔
Beauceron	52	✔	✔✔✔	✔
Briard	53	✔	✔✔✔	✔✔✔
Bernhardiner	57	nein	✔	✔
Border Collie	62	✔✔	✔✔✔	✔
Chow Chow	77	✔✔✔	✔	✔✔✔
Dt. Drahthaar	89	✔✔	✔✔✔	✔
Dt. Kurzhaar	90	✔✔	✔✔✔	✔
Dt. Dogge	92	✔✔	✔	✔
Dt. Schäferhund	95	✔✔	✔✔✔	✔
Dobermann	98	✔✔✔	✔✔✔	✔
English Setter	102	✔✔	✔✔✔	✔✔✔
Gordon Setter	114	✔✔	✔✔✔	✔✔
Irish Setter	125	✔✔	✔✔✔	✔✔
Irish Wolfhound	129	✔✔	✔✔✔	✔
Kuvasz	145	✔✔	✔	✔✔
Malinois	155	✔✔	✔✔✔	✔
Parson Jack Russell Terrier	171	✔✔✔	✔✔✔	✔
Rhodesian Ridgeback	184	✔✔✔	✔✔✔	✔✔
Riesenschnauzer	185	✔✔	✔✔✔	✔
Rottweiler	186	✔✔	✔✔✔	✔
Siberian Husky	201	nein	✔✔✔	✔

Affenpinscher

Verwendung: Wer auf Charakter mehr Wert legt als auf Schönheit, der macht mit dem Affenpinscher einen guten Griff. Wahrscheinlich als Mischung aus den Belgischen Griffons und dem rauhaarigen Pinscher entstanden, begann er als Ratten- und Mäusevertilger.

Erziehung: ✿✿
Stadt: ✿
Familie: ✿
Pflege: ✿✿
Beschäftigung: ✿✿

Charakter: Zu seinen Menschen sehr liebevoll und anhänglich. Fremden gegenüber gebärdet er sich als cholerischer, aber ernsthafter Wächter. Bei inkonsequenter Haltung kann er sich leicht zum Tyrannen auswachsen. Intelligenter, harter »Zwerg«, der leicht lernt. Insgesamt eine große Persönlichkeit.

Haltung: Auf Grund seiner Größe ein idealer Wohnungshund. Bis auf leichtes Trimmen seines Körperhaars sehr pflegeleicht. Verträgt sich bei normaler Aufsicht gut mit älteren Kindern, lässt sich aber nicht als Spielzeug missbrauchen.

Gesundheit: Körperlich robuster Hund, selten krank.

Geeignet für: Anfänger

KURZ-INFO FCI-Gruppe 2/Nr. 186: *Pinscher und Schnauzer, Molossoide, Schweizer Sennenhunde* **Ursprungsland:** *Deutschland* **Größe:** *25–30 cm* **Gewicht:** *4–6 kg* **Fell:** *hart, dicht und üppig* **Farbe:** *vornehmlich schwarz, braune oder graue Abzeichen sind zugelassen* **Lebenserwartung:** *15 Jahre und älter* **Welpenpreis:** *ca. 500 Euro*

Afghanischer Windhund

auch: *Afghan Hound*

Verwendung: War in seiner Heimat das selbstständige Jagen auf jegliches Wild gewöhnt. Diese Selbstständigkeit macht seine Haltung heute relativ schwierig. In Deutschland begann

Erziehung:	🐾🐾🐾🐾
Stadt:	🐾🐾🐾🐾🐾
Familie:	🐾🐾🐾🐾
Pflege:	🐾🐾🐾🐾🐾
Beschäftigung:	🐾🐾🐾🐾🐾

die Zucht erst in den 30er-Jahren, in letzter Zeit wurde durch amerikanische Hunde sein Fell noch reichlicher und der Hund noch mehr zum Renommierobjekt gemacht.

Charakter: Bei seiner Erziehung braucht man viel Geduld und Fingerspitzengefühl. Er ist stolz und unabhängig, Kadavergehorsam ist nicht seine Sache. Ist als Egozentriker zu bezeichnen, der oft auch Distanz zu seinen eigenen Menschen hält.

Haltung: Da freies Laufen unmöglich ist, braucht man ein sehr großes eingezäuntes Grundstück, damit sich der Hund austoben kann. Gezieltes Lauftraining ist notwendig.

Gesundheit: Hornhautdegeneration, grauer Star, Ellenbogenluxation, Hüftgelenksdysplasie (HD).

Geeignet für: Fortgeschrittene

KURZ-INFO **FCI-Gruppe 10/Nr. 228:** *Windhunde*
Ursprungsland: *Afghanistan (GB)* **Größe:** *R 64–74 cm, H 60–70 cm* **Gewicht:** *R 20–25 kg, H 15–20 kg* **Fell:** *lang, seidig*
Farbe: *alle Farben* **Lebenserwartung:** *14 Jahre und mehr*
Welpenpreis: *ca. 800 Euro*

Airedale Terrier

früher: *Bingley Terrier*
Verwendung: Er ist eine Kreuzung
aus Otterhound, Bullterrier, Gordon
Setter und Black and Tan Collie. Sein
Schöpfer, Wilfried Holmes aus der
englischen Grafschaft Yorkshire im

Erziehung: 🐾
Stadt: 🐾🐾🐾
Familie: 🐾
Pflege: 🐾🐾🐾
Beschäftigung: 🐾🐾🐾🐾

Tal der Aire, schuf auf diese Weise einen vielseitigen, schneidi-
gen und wetterfesten Hund. In den letzten zwei Weltkriegen
bewährte sich der Airedale als Sanitäts- und Meldehund.
Charakter: Temperamentvoll, gut erziehbar, zum Lernen gut
motivierbar, wachsam, mit guten Schutzhundeigenschaften.
Bis ins hohe Alter kann er ein richtiger Clown sein, der in der
Familie viel Freude bereitet.
Haltung: Will überall dabei sein und braucht Aufgaben, die er
freudig zu lösen versucht. Bei gewaltloser Ausbildung ein
freudiger Partner im Hundesport. Alle 12 Wochen muss er
zur Fellpflege getrimmt werden.
Gesundheit: HD, gelegentlich Muskelzittern.
Geeignet für: Fortgeschrittene

KURZ-INFO **FCI-Gruppe 3/Nr. 7:** *Terrier* **Ursprungsland:**
Großbritannien **Größe:** *R 58–61 cm, H 56–59 cm* **Gewicht:** *ca.*
20 kg **Fell:** *drahtig, hart, dicht* **Farbe:** *lohfarben mit schwar-*
zem oder grizzlefarbigem Sattel, Nacken und Rutenoberseite
Lebenserwartung: *bis 15 Jahre* **Welpenpreis:** *ca. 700 Euro*

Akbash

Verwendung: Er ist wohl einer der schönsten und ursprünglichsten Herdenschutzhunde. Sein ausgeglichenes, harmonisches Gebäude und sein reinweißes, dichtes Fell lassen ihn sehr elegant erscheinen. Er wird hauptsächlich in der Gegend westlich von Ankara noch an den Herden eingesetzt. Angeblich gehen auf ihn alle weißen europäischen Herdenschutzhunde zurück. In den USA wird die Rasse heute ebenfalls gern als Herdenschutzhund mit Erfolg eingesetzt.

Erziehung: 🐾🐾🐾🐾
Stadt: 🐾🐾🐾🐾🐾
Familie: 🐾🐾🐾🐾🐾
Pflege: 🐾🐾
Beschäftigung: 🐾🐾

Charakter: Wie alle Herdenschutzhunde ist er selbstständiges Arbeiten und Entscheiden gewöhnt. Wenn er »in Aktion« ist, nimmt er keine Befehle mehr wahr. Was zu seinem eigenen Rudel gehört, steht unter seinem hundertprozentigen Schutz.

Haltung: Auf Grund der typischen Herdenschutzhundeigenschaften ist er als Begleithund nicht geeignet.

Gesundheit: Soll sehr vital und widerstandsfähig sein.

Geeignet für: Absolute Fachleute

KURZ-INFO **FCI:** *nicht anerkannt* **Ursprungsland:** *Türkei*
Größe: *R 76–86 cm, H 71–81 cm* **Gewicht:** *R ca. 54 kg,*
H ca. 41 kg **Fell:** *Stockhaar oder Langhaar* **Farbe:** *reinweiß*
Lebenserwartung: *ca. 8 Jahre und mehr* **Welpenpreis:** *beim*
Schäfer Verhandlungssache

Akita Inu

Verwendung: In der Präfektur Akita ist auch heute noch das Zentrum der Akita-Zucht. Akitaähnliche Hunde kann man in Japan 5000 Jahre zurückverfolgen. Um 1900 wurde der Akita vor allem als Jagd- und Arbeitshund genutzt. Seine Jagdleidenschaft hat er bis heute erhalten.

Erziehung:	🐾🐾🐾
Stadt:	🐾🐾🐾
Familie:	🐾🐾🐾
Pflege:	🐾🐾🐾
Beschäftigung:	🐾🐾🐾

Charakter: Stolz, oft eigenwillig. Bei engem Familienanschluss, den er unbedingt braucht, ist er ruhig und würdevoll. Lehnt sich gegen Gewalt bei der Erziehung auf. Neigt zu Dominanz.
Haltung: Heute nur noch Begleithund. Seine Führigkeit ist jedoch eingeschränkt. Auf Grund seiner Jagdleidenschaft und seines kritischen Verhaltens gleichgeschlechtlichen Hunden gegenüber muss er unter absoluter Kontrolle geführt werden. Als toleranter, aber wissender Hundenarr hatte ich in meinem Akita einen der wunderbarsten Hunde.
Gesundheit: HD, Haut- und Haarprobleme, Störungen des Autoimmunsystems, Epilepsie, Progressive Retinaatrophie.
Geeignet für: Fortgeschrittene

KURZ-INFO FCI-Gruppe 5/**Nr. 255:** *Spitze und Hunde vom Urtyp* **Ursprungsland:** *Japan* **Größe:** *R 67 cm, H 61 cm, jeweils +/- 3 cm* **Gewicht:** *30–40 kg* **Fell:** *stockhaarig, dicht mit Unterwolle* **Farbe:** *rot, weiß, sesam, brindle (gestromt)* **Lebenserwartung:** *bis 14 Jahre* **Welpenpreis:** *ab 1000 Euro*

Alaskan Malamute

Verwendung: Unter den Schlittenhunderassen ist er der größte und kräftigste. Seinen Namen hat er von den Mahlemuts, einem eingeborenen Volk Alaskas, wo er entstanden ist. Er ist kein Sprinter, sondern ein ausdauernder Lastenzieher. In unseren Breiten ist dieser wunderschöne Hund fehl am Platz, und seine Einzelhaltung als »nur Begleithund« grenzt an Tierquälerei.

Erziehung:	🐾 🐾 🐾 🐾
Stadt:	🐾 🐾 🐾 🐾 🐾
Familie:	🐾 🐾 🐾
Pflege:	🐾 🐾
Beschäftigung:	🐾 🐾 🐾 🐾 🐾

Charakter: Fremden gegenüber freundlich. Obwohl er ruhig und gelassen wirkt, kann er sich blitzartig in Aktion setzen. Anderen, kleineren Tieren gegenüber ist er mit Vorsicht zu genießen. Seinem Menschen gegenüber ist er sehr anhänglich.
Haltung: Wie alle nordischen Hunde will er die Rangordnung genau geklärt haben. Er liebt es, sich auch im Winter viel im Freien zu bewegen. Hitze verträgt er schlecht. Er braucht den Kontakt zu aktiven Menschen.
Gesundheit: HD, Zwergwuchs, erbliche Nierenerkrankungen.
Geeignet für: Fortgeschrittene

KURZ-INFO **FCI-Gruppe 5/Nr. 243:** *Spitze und Hunde vom Urtyp* **Ursprungsland:** *USA* **Größe:** *R 64 cm, H 59 cm* **Gewicht:** *R 39 kg, H 34 kg* **Fell:** *mittellang, harsch mit dichter Unterwolle* **Farbe:** *alle Farben mit hellen Abzeichen zulässig* **Lebenserwartung:** *über 12 Jahre* **Welpenpreis:** *900–1000 Euro*

American Bulldog

Verwendung: Mit den britischen Siedlern kamen auch die englischen Bulldoggen nach Amerika. Die Farmer entwickelten daraus ohne einheitlichen Standard durch Einkreuzen anderer Rassen einen zuverlässigen Schutzhund, der Hof und Vieh beschützte und auch beim Treiben des Viehs half.

Erziehung: 🐾 🐾
Stadt: 🐾 🐾 🐾 🐾
Familie: 🐾
Pflege: 🐾
Beschäftigung: 🐾 🐾

Charakter: Stämmiger, unaufdringlicher Familienhund. Wenn er auch etwas eigensinnig ist, lässt er sich doch gut erziehen. Sehr wachsam, ohne besondere Aggressivität.

Haltung: Liebt ein für ihn überschaubares Haus und Grundstück, am besten mit »lebendem Inventar«, das er selbstständig bestreifen kann. Ausreichend Bewegung mit Beschäftigung ohne aggressive Spiele machen ihn ausgeglichen.

Gesundheit: Hüftgelenksdysplasie (HD), Knochenmissbildungen, Gelenkprobleme. Bei reinweißen Linien auf eventuell teilweise oder völlige Taubheit und/oder Blindheit achten.

Geeignet für: Fortgeschrittene

KURZ-INFO **FCI:** *nicht anerkannt* **Ursprungsland:** *USA*
Größe: *R 58–71 cm, H 51–61 cm* **Gewicht:** *R 41–68 kg, H 32–59 kg* **Fell:** *Kurzhaar* **Farbe:** *einfarbig weiß, gescheckt rot, braun, creme, gestromt auf weißem Grund* **Lebenserwartung:** *12 Jahre und älter* **Welpenpreis:** *ca. 500 Euro*

American Staffordshire Terrier

Verwendung: Unter dem Namen Staffordshire Bull Terrier kam er mit britischen Einwanderern nach Amerika. Erst später bekam er seinen jetzigen Namen. Unter dem Namen Pit Bull Terrier (»Pit« ist die Hundekampfarena) wird er nicht nur in Amerika für verbotene Hundekämpfe gezüchtet und verwendet.

Erziehung: 🐾 🐾 🐾
Stadt: 🐾 🐾 🐾 🐾
Familie: 🐾 🐾 🐾
Pflege: 🐾
Beschäftigung: 🐾 🐾 🐾 🐾 🐾

Charakter: Wie alle klassischen Kampfhunderassen ist der »Staff« aus verantwortungsvollen Zuchten mit AKC-Papieren (American Kennel Club) Menschen gegenüber harmlos und unbefangen. Er ist temperamentvoll und gelehrig.

Haltung: Ausreichende Sozialisierung im Umgang mit anderen Hunden und Tieren in frühester Jugend ist unbedingt notwendig. Als selbstbewusster Hund braucht er eine konsequente, aber gewaltfreie Erziehung.

Gesundheit: Hüftgelenksdysplasie (HD).

Wichtig: Beachten Sie das Gesetz zur Bekämpfung gefährlicher Hunde (→ Seite 16).

KURZ-INFO **FCI-Gruppe 3/Nr. 286:** *Terrier* **Ursprungsland:** *USA* **Größe:** *R 46–48 cm, H 43–46 cm* **Gewicht:** *17–20 kg* **Fell:** *Kurzhaar* **Farbe:** *alle Farben, weiß über 80 %, black and tan und leberfarben nicht erwünscht* **Lebenserwartung:** *bis 15 Jahre* **Welpenpreis:** *ca. 800 Euro*

American Water Spaniel

Verwendung: Wie der Name schon ausdrückt, ist er auf Wasserarbeiten ausgerichtet. Wurde vermutlich aus Retrievern, dem Irish und English Water Spaniel herausgezüchtet. Hervorragender Schwimmer, hat eine sehr gute Nase, ist spezialisiert auf Wasser- und Sumpfvögel.

Erziehung: 🐾
Stadt: 🐾🐾🐾🐾🐾
Familie: 🐾
Pflege: 🐾🐾
Beschäftigung: 🐾🐾🐾🐾

Charakter: Im Haus ein freundlicher und ausgeglichener Hund, der sich aber nicht viel aus Kindern macht. Guter Wächter, ohne besonders aggressiv zu sein.

Haltung: In Deutschland sind die Wasserhunde, die alle ein Wasser abweisendes, Luft einschließendes Lockenfell haben, so gut wie unbekannt. Man sollte sie auch nicht wegen ihrer Lockenpracht zum Begleithund umfunktionieren. Sie würden sich zu Tode langweilen.

Gesundheit: HD, Progressive Retinaatrophie.

Geeignet für: Jäger

KURZ-INFO FCI-Gruppe 8/Nr. 301: *Apportier-, Stöber- und Wasserhunde* **Ursprungsland:** *USA* **Größe:** *38–46 cm* **Gewicht:** *R 13,5–20,5 kg, H 11,5–18 kg* **Fell:** *Wasser abweisendes, lockiges Haar, in welchem die Luft eine Isolierschicht bildet* **Farbe:** *schokobraun, leberbraun, kleine, weiße Abzeichen an Zehen und Brust erlaubt* **Lebenserwartung:** *10–15 Jahre* **Welpenpreis:** *ca. 1000 Euro*

Amerikanischer Cocker Spaniel

auch: *American Cocker Spaniel*

Verwendung: Aus dem englischen Cocker Spaniel vor allem als Schaurasse gezüchtet, ist sie eine der beliebtesten Hunderassen in den USA. Wird selten noch jagdlich geführt.

Erziehung:	🐾🐾
Stadt:	🐾
Familie:	🐾
Pflege:	🐾🐾🐾🐾🐾
Beschäftigung:	🐾🐾🐾🐾

Charakter: Er ist ein lustiger, zärtlicher Familienhund und leicht zu erziehen. Er will engen Kontakt zu seinen Menschen. Guter Wächter, aber kein Kläffer. Sein Jagdtrieb ist bei gutem Gehorsam steuerbar.

Haltung: Er hat im Vergleich zum englischen Cocker Spaniel (→ Seite 79) ein bedeutend üppigeres Haarkleid, welches sehr viel mehr Pflege verlangt. Wegen seiner Kontaktansprüche ist er kein Hund, der in der Familie einfach so mitläuft.

Gesundheit: Augen: PRA, grüner Star; Haut: Allergien, Talgdrüsenstörungen, Pusteln im Lefzenbereich; HD.

Geeignet für: Anfänger

KURZ-INFO **FCI-Gruppe 8/Nr. 167:** *Apportier-, Stöber- und Wasserhunde* **Ursprungsland:** *USA* **Größe:** *R 38 cm, H 35,5 cm* **Gewicht:** *10–12 kg* **Fell:** *weiche, üppige Fülle* **Farbe:** *einfarbig: schwarz, creme bis dunkelrot und braun; mehrfarbig: schwarz-weiß, rot-weiß, braun-weiß, schimmelfarben, schwarz-bunt gescheckt* **Lebenserwartung:** *bis 15 Jahre* **Welpenpreis:** *ca. 1000 Euro*

Appenzeller Sennenhund

Verwendung: Als sehr alte schweizerische Bauernhundrasse ist er fast Mädchen für alles. Er bewacht gewissenhaft und eher zu viel bellend Haus und Hof. Er treibt die Kühe von der Weide, wobei er sie in die Fesseln zwickt, was er im Spiel, aber bedeutend liebevoller, auch bei spielenden Kindern machen kann. Außerhalb seines klassischen Aufgabenbereichs sieht man ihn als Ersatzbeschäftigung (natürlich ununterbrochen bellend) begeistert und gewandt die Agility-Hindernisse überwinden.

Charakter: Lebendig, vital, aufmerksam mit großem Selbstbewusstsein. Kann nicht faul herumliegen, ohne nervös zu sein.

Haltung: Sollte nur in ländlichen Gegenden gehalten werden. Er braucht entweder seine klassischen Aufgaben oder aktive, sportliche, unternehmungslustige Menschen.

Gesundheit: Keine häufigen Krankheiten.

Geeignet für: Anfänger

Erziehung: 🐾🐾
Stadt: 🐾🐾🐾🐾🐾
Familie: 🐾
Pflege: 🐾
Beschäftigung: 🐾🐾🐾🐾

KURZ-INFO FCI-Gruppe 2/Nr. 46: *Pinscher und Schnauzer, Molossoide, Schweizer Sennenhunde* **Ursprungsland:** *Schweiz* **Größe:** *R 52–56 cm, H 50–54 cm* **Gewicht:** *22–30 kg* **Fell:** *kurz, dicht, glänzend* **Farbe:** *schwarz mit symmetrischen rostbraunen und weißen Abzeichen* **Lebenserwartung:** *bis 15 Jahre* **Welpenpreis:** *ca. 900 Euro*

Australian Cattle Dog

Verwendung: Sehr schnell stellten die britischen Siedler fest, dass ihre mitgebrachten Collies beim Treiben der riesigen Rinderherden in der australischen Hitze nicht die nötige Härte hatten. So mixten sie aus ihrem kurzhaarigen Blue-Merle-Collie, dem einheimischen Dingo, später dem Bullterrier und dem Dalmatiner ihren Australian Cattle Dog. An Ausdauer, Robustheit, Gewandtheit und Unempfindlichkeit ist er nicht zu übertreffen.

Erziehung: 🐾 🐾
Stadt: 🐾 🐾 🐾 🐾 🐾
Familie: 🐾 🐾
Pflege: 🐾
Beschäftigung: 🐾 🐾 🐾 🐾 🐾

Charakter: Er ist stets aufmerksam und hat einen ausgeprägten Schutztrieb. Er ist sehr mutig und beschützt unbestechlich. Lernt leicht, braucht aber einen willensstarken und konsequenten Erzieher.

Haltung: Er lebt am liebsten im Freien. In Australien ist er ein beliebter Familienhund. Er will aber mit seiner Familie immer arbeiten, spielen, Sport betreiben. Ein verhätscheltes Leben würde ihn zum Neurotiker machen.

Gesundheit: PRA und Taubheit treten gelegentlich auf.

Geeignet für: Fortgeschrittene

KURZ-INFO **FCI-Gruppe 1/Nr. 287:** *Hüte- und Treibhunde*
Ursprungsland: *Australien* **Größe:** *R 40–51 cm, H 43–48 cm*
Gewicht: *16–22 kg* **Fell:** *kurz, hart* **Farbe:** *blau oder rot gestromt* **Lebenserwartung:** *9–12 Jahre* **Welpenpreis:** *800 Euro*

Australian Kelpie

Verwendung: Was der Cattle Dog für die Rinderzüchter, ist der Kelpie für die Arbeit an den riesigen Schafherden Australiens. Er wurde aus kurzhaarigen Schottischen Collies herausgezüchtet. Als 1872 eine Hündin dieser neu gezüchteten Schäferhunde namens Kelpie den ersten nationalen Hütewettbewerb gewann, nannte man alle ihre Nachkommen Kelpie.

Erziehung: 🐾
Stadt: nein
Familie: 🐾🐾🐾🐾
Pflege: 🐾
Beschäftigung: 🐾🐾🐾🐾🐾

Charakter: Ein eifriger, aber dennoch ausgeglichener Hund, für den Arbeit Leidenschaft bedeutet. Wenn er Schafe überholen will, läuft er einfach auf deren Rücken. An der Herde arbeitet er sehr selbstständig.

Haltung: Ist nur bei ausreichender Beschäftigung, was auch im Hundesport möglich ist, unter Vorbehalt auch als Familienhund zu halten. Sein Temperament muss man tolerieren. Braucht konsequente Erziehung.

Gesundheit: Es gibt kaum erbliche Krankheiten.

Geeignet für: Fortgeschrittene

KURZ-INFO **FCI-Gruppe 1/Nr. 293:** *Hüte- und Treibhunde*
Ursprungsland: *Australien* **Größe:** *R 46–51 cm, H 43–48 cm*
Gewicht: *16–22 kg* **Fell:** *kurz* **Farbe:** *schwarz, schwarz-loh, rot, rot-loh, schokobraun, rauchblau* **Lebenserwartung:** *etwa 10 Jahre* **Welpenpreis:** *ca. 800 Euro*

Australian Shepherd

Verwendung: Nach Amerika einwandernde Schafzüchter aller Herren Länder brachten oft ihre Schäferhunde aus ihrer Heimat mit. Mit australischen Schafimporten kamen noch dingo- und collieblütige Hunde dazu.

Erziehung:	🐾
Stadt:	🐾 🐾 🐾 🐾
Familie:	🐾
Pflege:	🐾 🐾
Beschäftigung:	🐾 🐾 🐾 🐾 🐾

So entwickelte sich aus allen diesen Hunderassen der Australian Shepherd.

Charakter: Ein kräftiger Hund mit großer Ausdauer und Temperament, menschenfreundlich, geduldig und friedlich mit anderen Tieren. Guter Wachhund mit angeborenem Schutztrieb. Er lernt gern und leicht. Neigt nicht zum Wildern.

Haltung: Der temperamentvolle und arbeitsfreudige Hund will Bewegung und Aufgaben. Bei entsprechender sportlicher Beschäftigung ein gut geeigneter Familienhund, der sich unterordnungsbereit gut anpassen kann.

Gesundheit: HD und Taubheit bei merlefarbigen Hunden.

Geeignet für: Anfänger

KURZ-INFO **FCI-Gruppe 11/Nr. 342:** *vorläufig angenommene Rasse* **Ursprungsland:** *USA* **Größe:** *R 50–57,5 cm, H 45–52,5 cm* **Gewicht:** *13–22 kg* **Fell:** *mittellang, üppig* **Farbe:** *blue-merle, rot-merle, rot mit oder ohne weiße und kupferfarbige Abzeichen* **Lebenserwartung:** *12–15 Jahre* **Welpenpreis:** *bis 800 Euro*

Australian Silky Terrier

Verwendung: Die Rasse entstand Anfang des 19. Jahrhunderts aus einer Kreuzung zwischen einer rauhaarigen Terrierhündin und einem Dandie Dinmont Terrier. Der Engländer Mr. Little kreuzte später noch den Australian Terrier und den Yorkshire Terrier ein. Daraus entstand der stahlblaue, seidenhaarige Australian Silky Terrier.

Erziehung: 🐾
Stadt: 🐾
Familie: 🐾 🐾
Pflege: 🐾 🐾 🐾
Beschäftigung: 🐾 🐾 🐾

Charakter: Ein intelligenter, unkomplizierter Wohnungshund, fröhlich und leicht erziehbar. Trotz seiner Kleinheit ist er ein Terrier geblieben, der noch mit jeder Ratte fertig wird. Mit Kleinkindern und deren oft unkontrollierten Bewegungen versteht er sich allerdings nicht besonders.
Haltung: Braucht unbedingt Familienanschluss und viel Beschäftigung. Obwohl sein Seidenhaar nicht ausgeht, muss es regelmäßig gepflegt werden.
Gesundheit: Eine sehr robuste Rasse. Gelegentlich Kryptorchismus, Kniescheibenluxation, Nierensteine, Diabetes.
Geeignet für: Anfänger

KURZ-INFO **FCI-Gruppe 3/Nr. 236:** *Terrier* **Ursprungsland:** *Australien* **Größe:** *23 cm* **Gewicht:** *3,5–4,5 kg* **Fell:** *sehr fein und gerade, nicht bis zum Boden reichend* **Farbe:** *blaulohfarben* **Lebenserwartung:** *bis 20 Jahre möglich* **Welpenpreis:** *ca. 900 Euro*

Australian Terrier

Verwendung: Schon zu Beginn des 17. Jahrhunderts benützten schottische Siedler in Australien kleine, rauhaarige Terrier als unbestechliche Wachhunde und Ungeziefervernichter. Seine Vorfahren waren verschiedene englische Terrierrassen.

Erziehung: 🐾
Stadt: 🐾
Familie: 🐾
Pflege: 🐾🐾🐾
Beschäftigung: 🐾🐾🐾🐾🐾

Charakter: Ist ununterbrochen mit etwas beschäftigt. Wachsam, aber kein Kläffer. Robuster Draufgänger, aber freundlich zu Menschen und anderen Tieren. Fröhlich und anhänglich, ist er leicht zu erziehen, obwohl er sehr selbstbewusst ist.

Haltung: Konsequenz und viel Terrierverständnis machen aus dem eigenwilligen Hund einen gehorsamen Kameraden. Seine Anpassungsfähigkeit macht ihn zum handlichen Familienhund. Er ist sportlich und ausdauernd.

Gesundheit: Wenn er nicht zu sehr der rauen Witterung ausgesetzt wird, bleibt er bis ins hohe Alter gesund. Selten treten PRA, Diabetes oder Kryptorchismus auf.

Geeignet für: Anfänger

KURZ-INFO FCI-Gruppe 3/Nr. 8: *Terrier* **Ursprungsland:** *Australien* **Größe:** *ca. 25 cm* **Gewicht:** *6,5 kg* **Fell:** *hart, gerade mit weicher Unterwolle* **Farbe:** *blau mit loh (Welpen sind bei Geburt schwarz)* **Lebenserwartung:** *14 Jahre und darüber* **Welpenpreis:** *ca. 800 Euro*

Azawakh

Verwendung: Ein schneller, selbstständiger Jäger, der bei den nomadisierenden Tuareg in der Südsahara neben der Jagd auch als Wächter ihrer Herden genutzt wird. Seine Abstammung liegt ebenso im Dunkel der Geschichte wie die Herkunft der geheimnisvollen Tuareg.

Erziehung: 🐾🐾🐾🐾
Stadt: nein
Familie: 🐾🐾🐾
Pflege: 🐾
Beschäftigung: 🐾🐾🐾🐾

Charakter: Sehr lebhaft und noch ursprünglich wild. Allgemein reserviert. Wem der Azawakh aber sein Herz schenkt, den liebt er auf immer und ewig.

Haltung: Als extremer Windhund braucht er sehr viel artgerechte Bewegung. Wenn dies täglich gewährleistet ist, passt er sich auch im Haus gut an. Grobheiten bei der Erziehung würden ihn psychisch zerstören. Wissende Konsequenz, Geduld und Liebe sind die Grundvoraussetzungen.

Gesundheit: Artgerecht gehalten, sind keine häufigen Krankheiten bekannt.

Geeignet für: Spezialisten

KURZ-INFO **FCI-Gruppe 10/Nr. 307:** *Windhunde*
Ursprungsland: *Mali (Frankreich)* **Größe:** *R 64–74 cm, H 60–70 cm* **Gewicht:** *R 20–25 kg, H 15–20 kg* **Fell:** *kurz, fein*
Farbe: *sandweiß bis braun, über alle Arten von gelb bis rot, weiße Abzeichen und schwarze Schattenmaske erlaubt*
Lebenserwartung: *10–12 Jahre* **Welpenpreis:** *ca. 1000 Euro*

Barsoi

auch: *Barzoi, Russkaya Psovaya Borzaya*

Verwendung: Vermutlich wurden Barsoi-ähnliche Hunde schon von den Tataren gezüchtet. Im 14. und 15. Jahrhundert wurden riesige Meuten bei Hetzjagden auf Wölfe und anderes Wild verwendet.

Erziehung: 🐾🐾🐾🐾
Stadt: nein
Familie: 🐾🐾🐾
Pflege: 🐾🐾
Beschäftigung: 🐾🐾🐾🐾🐾

Charakter: Stolze Gelassenheit und Reserviertheit Fremden gegenüber. Der elegante Hund braucht den engen Kontakt zum Menschen und ist in dessen Gemeinschaft sehr angenehm und sanft. Mit Konsequenz und Geduld lässt er sich auch erziehen, aber wie alle Windhunde nur ohne Gewalt.

Haltung: Da der Barsoi frei laufend gnadenlos jagt, ist das kontrollierte Bewegungstraining sehr zeitaufwändig. Ohne ausreichende Bewegung vegetieren diese Hunde dahin.

Gesundheit: Außer Magendrehung, meist im Alter von zwei bis sechs Jahren, und stoffwechselbedingten Knochenerkrankungen keine häufigen Krankheiten.

Geeignet für: Fortgeschrittene

KURZ-INFO **FCI-Gruppe 10/Nr. 193:** *Windhunde*
Ursprungsland: *Russland* **Größe:** *R 70–82 cm, H 65–77 cm*
Gewicht: *35–48 kg* **Fell:** *flach oder wellig gelockt* **Farbe:** *weiß, gold, schwarz, gewolkt, grau, gestromt, gescheckt auf weißem Grund* **Lebenserwartung:** *10–12 Jahre* **Welpenpreis:** *800 Euro*

Basenji

Verwendung: Nach ägyptischen Darstellungen hatten die Pharaonen vor 4000 Jahren schon dem Basenji ähnliche Hunde. Reste davon haben sich z. B. in Zaire und im Sudan in den so genannten Primitivhunden erhalten.

Erziehung:	🐾🐾🐾🐾
Stadt:	🐾🐾🐾🐾
Familie:	🐾🐾🐾
Pflege:	🐾
Beschäftigung:	🐾🐾🐾🐾

Als einziger Hund dieser Art wurde der dort lebende Basenji als Rasse anerkannt. Er wird als Jagdhund verwendet.

Charakter: Er bellt nicht, sondern lässt eine Art Jodeln hören, was nicht aggressiv klingt. Er pflegt sich wie eine Katze und ist absolut geruchsfrei. Klug, unaufdringlich und verspielt. Sein Jagdtrieb ist enorm.

Haltung: Er braucht liebevollen Kontakt zu seinen Menschen, die bei seiner Erziehung viel Geduld haben müssen, da er nicht sehr gehorsamsbereit ist.

Gesundheit: Augenprobleme, Blutarmut, Nierensteine, Stoffwechselstörungen, Allergien gegen Chemikalien. Hündinnen werden nur einmal im Jahr heiß.

Geeignet für: Fortgeschrittene

KURZ-INFO FCI-Gruppe 5/Nr. 43: *Spitze und Hunde vom Urtyp* **Ursprungsland:** *Zentralafrika (GB)* **Größe:** *40–43 cm* **Gewicht:** *9–11 kg* **Fell:** *kurz, seidig* **Farbe:** *rot-weiß, schwarz-weiß, schwarz-weiß-loh (Tricolor), gestromt* **Lebenserwartung:** *ca. 13 Jahre* **Welpenpreis:** *ca. 1000 Euro*

Basset Hound

Verwendung: Wurde ursprünglich für die Jagd im fast undurchdringlichen Dickicht gezüchtet. Seine Anatomie wurde vor längerer Zeit durch Zucht zum Teil so überbetont, dass dieser Hund wie seine eigene Karikatur aussah. Vernünftige Zucht versucht sich langsam durchzusetzen.

Erziehung:	🐾 🐾 🐾
Stadt:	🐾
Familie:	🐾
Pflege:	🐾 🐾
Beschäftigung:	🐾 🐾 🐾

Charakter: Eigenständig und selbstbewusst, was manchmal als stur bezeichnet wird. Liebevoll, sehr anhänglich, geduldig mit Kindern und freundlich zu anderen Hunden und Tieren.

Haltung: Wegen der körperlichen »Verzüchtungen« nicht besonders lauffreudig. Konsequent und geduldig erzogen, ein brauchbarer Familienhund, der jedoch »der Aufsicht bedarf«.

Gesundheit: Die verzüchtete Anatomie führt zu vielerlei Gelenk- und Knochenproblemen, darüber hinaus noch viele weitere Erkrankungen. Es bleibt zu hoffen, dass diesem herrlichen Hund züchterisch wieder auf die Beine geholfen wird.

Geeignet für: Anfänger

KURZ-INFO FCI-Gruppe 6/Nr. 163: *Lauf- und Schweißhunde* Ursprungsland: *Großbritannien* Größe: *33–38 cm* Gewicht: *18–25 kg* Fell: *kurz, glatt, dicht* Farbe: *alle anerkannten Houndfarben* Lebenserwartung: *8–12 Jahre* Welpenpreis: *ca. 800 Euro*

Bayerischer Gebirgsschweißhund

Verwendung: Die Rasse verdankt ihre Reinzucht der Notwendigkeit, dass der Hochgebirgsjäger in Bayern einen Hund brauchte, der in freier Suche arbeitet, laut jagt und tot verbellt. Die Schweißfährte (Blutspur) des angeschossenen Wildes verfolgt er sicher. Er wurde aus alten Bayerischen Bracken und Hannoverschen Schweißhunden gezüchtet. Seine Mannschärfe machte ihn auch in vergangenen »Wildererzeiten« zum unentbehrlichen Helfer der Berufsjäger. Strenge Zuchtauswahl und Gewissenhaftigkeit bei der Abgabe der Welpen nur an Jäger sind nachahmenswert.

Erziehung: 🐾
Stadt: 🐾🐾🐾🐾🐾
Familie: 🐾🐾🐾🐾🐾
Pflege: 🐾
Beschäftigung: 🐾🐾🐾🐾

Charakter: Fanatischer Jäger und sicherer Sucher. Sehr arbeitsfreudig. Am Berg ist er ein geschickter Kletterer.
Haltung: Dieser Hund kann nur in der Hand von Jägern artgerecht gehalten werden. Einen Begleithund aus ihm machen zu wollen wäre Tierquälerei.
Gesundheit: Keine speziellen Krankheiten bekannt.
Geeignet für: Spezialisten

KURZ-INFO FCI-Gruppe 6/Nr. 217: *Lauf- und Schweißhunde*
Ursprungsland: *Deutschland* **Größe:** *45–50 cm* **Gewicht:** *ca. 30 kg* **Fell:** *kurz, dicht, mäßig rau* **Farbe:** *jede Schattierung von rot und dunkelrot, auch mit schwarzen Haarspitzen* **Lebenserwartung:** *13 Jahre und mehr* **Welpenpreis:** *ca. 500 Euro*

Beagle

Verwendung: Als eine der ältesten Laufhunderassen wurde er hauptsächlich in der Meute auf Hasen und Kaninchen eingesetzt. Die Rasse lässt sich bereits seit dem 14. Jahrhundert nachweisen. Im Gegensatz zu größeren Meutehunden jagt der Jäger mit Beagles zu Fuß und nicht zu Pferd.

Erziehung: 🐾🐾🐾
Stadt: 🐾🐾🐾
Familie: 🐾🐾🐾🐾🐾
Pflege: 🐾
Beschäftigung: 🐾🐾🐾

Charakter: Sehr anpassungsfähig, Menschen und anderen Hunden gegenüber freundlich. Mit Kindern bildet er gleichsam eine Symbiose. Er ist sehr verspielt und jederzeit in der Lage, seinen Herrn für seine Zwecke umzuziehen.

Haltung: Die Erziehung muss frühzeitig beginnen, weil der Beagle sonst zu selbstständig wird. Seine gute Nase, mit der er jede Spur verfolgt, und seine Verfressenheit sind seine einzigen Nachteile.

Gesundheit: Augenerkrankungen wie grauer Star, grüner Star, PRA; Veranlagung zu Bandscheibenproblemen.

Geeignet für: Anfänger

KURZ-INFO *FCI-Gruppe 6/Nr. 161: Lauf- und Schweißhunde*
Ursprungsland: Großbritannien *Größe: 33–40 cm* *Gewicht: 12–15 kg* *Fell: kurz, glatt, dicht, nicht zu fein* *Farbe: orange, weiß, schwarz, lohfarben, tricolor* *Lebenserwartung: 12–15 Jahre* *Welpenpreis: ca. 700 Euro*

Bearded Collie

Verwendung: Ursprünglich ein zottiger, wetterfester Hütehund im schottischen Hochland. Heute einer der wohlfrisiertesten und auffallendsten Ausstellungs- und Familienhunde. Mit dem heutigen pflegeaufwändigen Fell wäre er für die Hütearbeit nicht mehr geeignet.

Erziehung: 🐾🐾
Stadt: 🐾🐾🐾🐾
Familie: 🐾
Pflege: 🐾🐾🐾🐾🐾
Beschäftigung: 🐾🐾🐾🐾

Charakter: Ein freundlicher, temperamentvoller und immer fröhlicher Hund. Er ist sehr feinfühlig und nicht selten etwas geräuschempfindlich.

Haltung: Verträgt keine harte Erziehung. Diese sollte aber konsequent sein. In der Beschäftigung verlangt er sehr viel Abwechslung und Bewegung.

Gesundheit: Relativ frei von Erbkrankheiten. Empfindliche Haut bei mangelhafter Pflege. Er sollte mit qualitativ hochwertigem Futter ernährt werden.

Geeignet für: Anfänger

KURZ-INFO **FCI-Gruppe 1/Nr. 271:** *Hüte- und Treibhunde* **Ursprungsland:** *Großbritannien* **Größe:** *50–56 cm* **Gewicht:** *ca. 30 kg* **Fell:** *lang, doppelt mit weicher Unterwolle und flachem, hartem, zottigem Deckhaar* **Farbe:** *schiefergrau, fawn, schwarz, blau. Weiß an Blesse, Rutenspitze, um den Hals, an den Läufen und Pfoten* **Lebenserwartung:** *12–14 Jahre* **Welpenpreis:** *ca. 800 Euro*

Bedlington Terrier

Verwendung: Ursprünglich wurde er bei den englischen Bergarbeitern in der Gegend um Bedlington als Rattenbekämpfer verwendet. Folgende

Erziehung: 🐾 🐾 🐾	
Stadt: 🐾	
Familie: 🐾 🐾	
Pflege: 🐾 🐾 🐾 🐾 🐾	
Beschäftigung: 🐾 🐾 🐾	

grundverschiedene Rassen sollen unter seinem Schafspelz schlummern: Bullterrier, rauhaarige Terrier, Greyhound, Otterhound und der Bulldog. Heutzutage ist er ein reiner Begleit- und Ausstellungshund.

Charakter: Innerlich ist er immer noch wie ein Terrier wachsam, schneidig, raubzeugscharf und bei Bedarf ein harter Kämpfer. Leider sind manche Bedlington Terrier nervös und scheu. Auf solche Wesensmängel sollte man beim Kauf eines Welpen unbedingt achten.

Haltung: Er sollte viel beschäftigt und in frühester Jugend ausreichend sozialisiert werden. Von Kindern ist er nicht immer begeistert.

Gesundheit: Außer Kupfervergiftung und Schilddrüsenerkrankung keine häufigeren Erkrankungen.

Geeignet für: Anfänger

KURZ-INFO **FCI-Gruppe 3/Nr. 9:** *Terrier* **Ursprungsland:** *Großbritannien* **Größe:** *41 cm* **Gewicht:** *8–10,5 kg* **Fell:** *fein gekraust, watteartig* **Farbe:** *blau und loh, blau und sandfarben* **Lebenserwartung:** *bis 15 Jahre* **Welpenpreis:** *ca. 800 Euro*

Berger de Beauce

auch: *Beauceron*

Erziehung: 🐾🐾
Stadt: nein
Familie: 🐾🐾🐾
Pflege: 🐾
Beschäftigung: 🐾🐾🐾🐾

Verwendung: Ein sehr alter französischer Schäferhund, der auch gleichzeitig ein gewissenhafter Beschützer der Herden war und ist. Im Mittelalter wurde er zur Wildschweinjagd verwendet. Seine Talente als Polizei- und Zollhund werden immer mehr geschätzt. In Deutschland ist er wenig verbreitet.

Charakter: Ein nervenstarker, harter Hund mit angeborener Schärfe und Verteidigungsbereitschaft. Auf Grund seines hervorragenden Wesens ist er deshalb aber nicht gefährlich, wenn er ausreichend sozialisiert und konsequent erzogen wird.

Haltung: Der selbstsichere Hund braucht auch im privaten Bereich ausreichend Beschäftigung, wobei ihn Nasenarbeit besonders befriedigt.

Gesundheit: HD. Verletzungsgefährdend und sinnlos sind die im Standard vorgeschriebenen mehrfachen/doppelten Wolfskrallen (Afterkrallen, → Seite 18).

Geeignet für: Fortgeschrittene

KURZ-INFO FCI-Gruppe 1/Nr. 44: *Hüte- und Treibhunde*
Ursprungsland: *Frankreich* **Größe:** *R 65–70 cm, H 61–68 cm*
Gewicht: *30–38 kg* **Fell:** *kurzes Stockhaar* **Farbe:** *schwarz-rot (bas-rouge = Rotstrumpf) oder Harlekin (grau, schwarz, rot)*
Lebenserwartung: *11–13 Jahre* **Welpenpreis:** *ca. 900 Euro*

Berger de Brie

auch: *Briard*

Erziehung: 🐾🐾🐾	
Stadt: nein	
Familie: 🐾🐾	
Pflege: 🐾🐾🐾🐾🐾	
Beschäftigung: 🐾🐾🐾🐾🐾	

Verwendung: Als einer der ältesten französischen Schäferhunde ist er als Herdenbeschützer längst arbeitslos. Wird fast nur noch als Begleithund gehalten. Ist die Langhaarversion des Berger de Beauce (→ links).

Charakter: Er ist äußerst temperamentvoll, mutig und wachsam, aber manchmal eigensinnig.

Haltung: Sein Schutztrieb und seine manchmal zuchtbedingte niedrige Reizschwelle machen seine Haltung bisweilen schwierig. Bei der Erziehung braucht er einen konsequenten, aber einfühlsamen Ausbilder. Alles was im Hundesport als Beschäftigung geboten wird, ist für ihn als Ausgleich zu seiner früheren Tätigkeit unbedingt notwendig.

Gesundheit: Ein Hund von guter Gesundheit. Wenn er allerdings beim Sport mit seinen sinnlosen doppelten Afterkrallen (→ Seite 18) hängen bleibt, kann er sich schwerst verletzen.

Geeignet für: Fortgeschrittene

KURZ-INFO **FCI-Gruppe 1/Nr. 113:** *Hüte- und Treibhunde*
Ursprungsland: *Frankreich* **Größe:** *R 62–68 cm, H 56–64 cm*
Gewicht: *ca. 30 kg* **Fell:** *lang, zottig, leicht gewellt, dichte Unterwolle* **Farbe:** *schwarz, grau, falb, ohne weiße Abzeichen*
Lebenserwartung: *10–12 Jahre* **Welpenpreis:** *ca. 800 Euro*

Berger de Picardie

auch: *Berger Picardie*

Verwendung: Ein ebenso alter, diesmal aber rauhaariger französischer Schäferhund, der sehr selten ist. Er hat die gleiche Entstehungsgeschichte wie der Briard und der Beauceron (→ Seite 52 und 53).

Erziehung:	🐾🐾
Stadt:	🐾🐾🐾🐾🐾
Familie:	🐾
Pflege:	🐾
Beschäftigung:	🐾🐾🐾🐾

Charakter: Bei engem Familienanschluss ist der Hund im Haus ruhig und ausgeglichen. Geduldig mit Kindern, zu Fremden zurückhaltend. Wachsam, ohne bissig zu sein, ist er ein sicherer Beschützer. Erst im Freien zeigt er sein wahres Gesicht: schnell, gewandt und ausdauernd.

Haltung: Der ideale Begleiter für aktive Menschen und der ideale Sporthund. Da er als Schäferhund selbstständig agieren gelernt hat, fragt er bei der Ausbildung manchmal nach dem »Warum«. Seine Haltung macht kaum Probleme.

Gesundheit: Sehr robust und selten krank.

Geeignet für: Anfänger

KURZ-INFO **FCI-Gruppe 1/Nr. 176:** *Hüte- und Treibhunde*
Ursprungsland: *Frankreich* **Größe:** *R 60–65 cm, H 55–60 cm*
Gewicht: *28–35 kg* **Fell:** *rauhaarig, wetterfest* **Farbe:** *grau, grauschwarz, grau mit schwarzem Schimmer, graublau, rötlich grau* **Lebenserwartung:** *10–12 Jahre und darüber* **Welpenpreis:** *ca. 600 Euro*

Berger des Pyrénées

auch: *Pyrenäen-Schäferhund*

Verwendung: Als leichter, sehr gewandter Hütehund lenkt er seit Jahrhunderten in den Bergregionen der Pyrenäen die Herden, während seine Kollegen, die mächtigen Pyrenäen-Berghunde, sie vor Wölfen schützen.

Erziehung:	🐾 🐾 🐾
Stadt:	🐾 🐾 🐾 🐾 🐾
Familie:	🐾 🐾 🐾
Pflege:	🐾
Beschäftigung:	🐾 🐾 🐾 🐾 🐾

Charakter: Sehr anhänglich, nur einem Herrn gehorchend, unbestechlich und wachsam. Manchmal aufbrausend und nicht ganz leicht zu erziehen. Sein Mut macht ihn auch zum wachsamen Beschützer.

Haltung: Wenn man diesem energiegeladenen, lebhaften und selbstbewussten Hund nicht genügend Aufgaben bieten kann, wird er zum hyperaktiven Neurotiker. Wenn Sie glauben, »für heute reicht es«, dann fangen Sie zur Begeisterung Ihres Hundes nochmals von vorn an. Seine Fellpflege verlangt nur gelegentliches gründliches Bürsten.

Gesundheit: Ein gesundes Energiebündel.

Geeignet für: Anfänger

KURZ-INFO FCI-Gruppe 1/Nr. 141: *Hüte- und Treibhunde*
Ursprungsland: *Frankreich* **Größe:** *40–46 cm* **Gewicht:**
8–12 kg **Fell:** *lang und rau, sehr dicht und leicht gewellt*
Farbe: *sandfarben bis rotbraun, schwarz oder grau, Harlekin*
Lebenserwartung: *12–14 Jahre* **Welpenpreis:** *ca. 800 Euro*

Berner Sennenhund

Verwendung: Aus verschiedenen alten schweizerischen Bauernhunderassen herausgezüchtet, bewachte er den Hof und zog auch noch den Milchkarren zur Sammelstelle. Heute gehört er zu den beliebtesten und schönsten »Bauernhunden«.

Erziehung: 🐾🐾
Stadt: nein
Familie: 🐾
Pflege: 🐾🐾🐾
Beschäftigung: 🐾🐾

Charakter: Gutartig, Fremden gegenüber nicht besonders entgegenkommend, mit Kindern liebevoll und zuverlässig, wachsam und gelehrig. Der Berner Sennenhund neigt nicht zum Streunen und selten zum Wildern.

Haltung: Er liebt es, im Freien zu sein, macht gern auch lange Spaziergänge, ist aber nicht lauffreudig. Verträgt keine Hitze. Die Grunderziehung (mehr braucht er nicht) sollte früh beginnen und konsequent, aber gewaltfrei durchgeführt werden.

Gesundheit: HD, PRA, Ellenbogendysplasie. Überanstrengungen in der Jugend müssen vermieden werden.

Geeignet für: Anfänger

KURZ-INFO **FCI-Gruppe 2/Nr. 45:** *Pinscher und Schnauzer, Molossoide, Schweizer Sennenhunde* **Ursprungsland:** *Schweiz* **Größe:** *R 64–70 cm, H 58–66 cm* **Gewicht:** *R 36–48 kg, H 34–41 kg* **Fell:** *lang, üppig, glänzend* **Farbe:** *tiefschwarz mit braunrotem Brand und weißen Abzeichen an Kopf, Brust und Pfoten* **Lebenserwartung:** *8–12 Jahre* **Welpenpreis:** *800 Euro*

Bernhardiner

auch: *St. Bernhardshund*

Verwendung: Wurde berühmt durch Barry, der aus eigenem Antrieb im Schnee verirrte Menschen rettete. Die damaligen Bernhardiner waren mindestens ein Drittel kleiner und wogen nicht einmal die Hälfte der heutigen Riesen.

Erziehung: 🐾🐾
Stadt: nein
Familie: 🐾
Pflege: 🐾🐾🐾
Beschäftigung: 🐾🐾🐾

Charakter: Bei guter Zuchtauswahl gutmütig, folgsam und sehr treu, im Umgang mit Kindern geduldig. Daneben aber genügend Schutztrieb, den er mit Mut bei Bedarf anwendet.

Haltung: Er braucht enge Bindung an den Menschen und verkommt bei Zwingerhaltung. Ohne großes Laufbedürfnis, muss dennoch vernünftig bewegt werden. Allmählich kümmern sich Züchter um die gesunde Zucht dieser Rasse.

Gesundheit: Leider immer noch häufig Hüftgelenksdysplasie (HD), sonstige Skelettprobleme, Augenprobleme, Speichelzysten, Diabetes, Magendrehung, Knochenkrebs.

Geeignet für: Fortgeschrittene

KURZ-INFO **FCI-Gruppe 2/Nr. 61:** *Pinscher und Schnauzer, Molossoide, Schweizer Sennenhunde* **Ursprungsland:** *Schweiz* **Größe:** *R 70–90 cm, H 65–80 cm* **Gewicht:** *bis 80 kg* **Fell:** *Lang- und Stockhaar* **Farbe:** *weiß mit rotbraunen Platten, dunkle Abzeichen am Kopf* **Lebenserwartung:** *8–10 Jahre* **Welpenpreis:** *ca. 900 Euro*

Bichon à poil frisé

Verwendung: Er gehört wie auch die vielen anderen Bichons zu den französischen Zwerghunden, über deren Herkunft man sich nicht einig ist und die man als Laie schwer unterscheiden kann. Sie sind bereits auf

Erziehung: 🌸
Stadt: 🌸 🌸
Familie: 🌸 🌸
Pflege: 🌸 🌸 🌸 🌸 🌸
Beschäftigung: 🌸 🌸 🌸 🌸

mittelalterlichen Gemälden als Begleiter adeliger Damen abgebildet. Jahrhundertelang dienten sie dem Adel als lebender Bettwärmer. In den 1970er-Jahren tauchte die Rasse plötzlich wieder auf und wird seitdem auch wieder bekannter.

Charakter: Charmanter, liebevoller, fröhlicher, verspielter Hund. Er ist wachsam, ohne viel zu kläffen. Kleinen Kindern geht er lieber aus dem Weg. Ansonsten ist er sehr anpassungsfähig und unterordnungsbereit.

Haltung: Idealer Wohnungshund, der auch gern spazieren geht. Seine Pflege ist zeitintensiv.

Gesundheit: Kniescheibenluxation, Doppelwimperbildung, vereinzelt Epilepsie.

Geeignet für: Anfänger

KURZ-INFO **FCI-Gruppe 9/Nr. 215:** *Gesellschafts- und Begleithunde* **Ursprungsland:** *Frankreich/Belgien* **Größe:** *max. 30 cm* **Gewicht:** *3–6 kg* **Fell:** *zarte, dichte Unterwolle und gröberes, leicht gekräuseltes Deckhaar* **Farbe:** *reinweiß* **Lebenserwartung:** *bis 17 Jahre* **Welpenpreis:** *ca. 900 Euro*

Bloodhound

auch: *Chien de Saint-Hubert*

Verwendung: Vermutlich über 700 Jahre alte Rasse mit der hervorragendsten Nasenveranlagung, die man sich vorstellen kann. Mehrere Tage alte Fährten kann er noch verfolgen und wird doch von niemandem mehr gebraucht. Die Engländer wollten mit seinem Namen ausdrücken, dass er von edlem Blut ist. Ein rares, aber noch sehr lebendiges »Hundedenkmal« einer längst vergangenen Zeit.

Erziehung: 🐾 🐾 🐾 🐾
Stadt: nein
Familie: 🐾 🐾
Pflege: 🐾 🐾
Beschäftigung: 🐾 🐾 🐾 🐾

Charakter: Ohne Einschränkung äußerst gutmütig und sensibel mit einer herrlichen, tief klingenden Stimme. Das Ausmaß seiner Sanftheit konkurriert aber mit seinem Eigensinn, weshalb er einen konsequenten, aber nicht groben Herrn braucht.

Haltung: Er sollte unbedingt auf dem Land, aber unter absoluter Kontrolle leben, denn er streift sonst »suchend«, aber glücklich durch Flur und Wald. Man muss ihn mögen.

Gesundheit: Knorpeldefekte, HD, Entropium, Ektropium, Hautentzündungen in den Hautfalten.

Geeignet für: Spezialisten

KURZ-INFO FCI-Gruppe 6/Nr. 84: *Lauf- und Schweißhunde*
Ursprungsland: *Belgien* **Größe:** *58–68 cm* **Gewicht:** *40–48 kg*
Fell: *kurz und hart* **Farbe:** *rostbraun oder schwarz-rostbraun*
Lebenserwartung: *10–12 Jahre* **Welpenpreis:** *ca. 1000 Euro*

Bologneser

auch: *Bolognese*

Verwendung: Aus Italien stammender Bichon, den es in ähnlicher Form schon in der Antike gab. Die norditalienische Stadt Bologna gab ihm den Namen, und die ersten Beschreibungen stammen aus dem 13. Jahrhundert. Er war der Lieblingshund der Herzöge von Medici. Und sogar klassische Berühmtheiten wie die russische Zarin Katharina, die Kaiserin Maria Theresia und Madame Pompadour hatten Freude an der quirligen »Puderquaste«. Diese Hunde erfreuen den Menschen allein schon durch ihre Anwesenheit.

Charakter: Fröhliche, lebendige Hunde, mit Witz und Klugheit ausgestattet. Ohne dauernd zu kläffen, sind sie wachsam und sehr anpassungsfähig.

Haltung: Sie haben keinen übertriebenen Bewegungsdrang, machen aber gern längere Spaziergänge. Wildern kommt für sie nicht infrage.

Gesundheit: Keine häufigen Krankheiten.

Geeignet für: Anfänger

Erziehung: 🐾
Stadt: 🐾
Familie: 🐾
Pflege: 🐾🐾🐾
Beschäftigung: 🐾🐾

KURZ-INFO **FCI-Gruppe 9/Nr. 196:** *Gesellschafts- und Begleithunde* **Ursprungsland:** *Italien* **Größe:** *25–30 cm* **Gewicht:** *2,5–4 kg* **Fell:** *lang, weich, lockig* **Farbe:** *reinweiß* **Lebenserwartung:** *über 10 Jahre* **Welpenpreis:** *ca. 900 Euro*

Bordeaux-Dogge

auch: *Dogue de Bordeaux*

Erziehung:	🐾🐾🐾
Stadt:	🐾🐾🐾
Familie:	🐾
Pflege:	🐾
Beschäftigung:	🐾🐾🐾

Verwendung: Die nächsten ihrer Vorfahren dürften die englischen Mastiffs und die Bulldoggen gewesen sein. Verwendet wurden sie als Jagdhunde gegen Bären und Jaguare, sogar als Kampfhunde wurden sie missbraucht.

Charakter: Die heutige Bordeaux-Dogge ist gutmütig, ausgeglichen und schmust gern. Sie ist ein freundlicher Familienhund und versteht sich gut mit Kindern. Als guter Wach- und Schutzhund greift sie aber nur bei ernsthafter Bedrohung an. Gut erzogen neigt sie auch nicht zum Wildern.

Haltung: Wenn sie ohne sinnlose Härte konsequent erzogen wird, ist sie ein folgsamer Hund. Mit viel Bewegungsfreiheit in einem entsprechenden Haus und Grundstück ist sie ein brauchbarer und interessanter Haushund.

Gesundheit: HD, Knorpeldefekte im Wachstum, Ektropium.

Geeignet für: Fortgeschrittene

KURZ-INFO **FCI-Gruppe 2/Nr. 116:** *Pinscher und Schnauzer, Molossoide, Schweizer Sennenhunde* **Ursprungsland:** *Frankreich* **Größe:** *R 60–68 cm, H 58–66 cm* **Gewicht:** *50–65 kg* **Fell:** *kurz, fein, weich* **Farbe:** *rotbraun mit brauner oder schwarzer Maske* **Lebenserwartung:** *ca. 10 Jahre* **Welpenpreis:** *ca. 1200 Euro*

Border Collie

Verwendung: Zu Hause ist er im Grenzland (den »Borders«) zwischen Schottland und England. Typisch ist seine geduckte Haltung beim Hüten der Schafherde. Dieses Energiebündel handelt mit hoher Intelligenz auch selbstständig an der Herde.

Erziehung:	🐾
Stadt:	nein
Familie:	🐾 🐾 🐾
Pflege:	🐾 🐾
Beschäftigung:	🐾 🐾 🐾 🐾

Charakter: Unterordnungsbereit, leichtführig, liebenswert und leicht zu kontrollieren. Sein Hüteverhalten und sein enormer Arbeitstrieb sind ihm angeboren.

Haltung: Auch Hochleistungssport wie Agility reicht nicht aus, weil damit sein Arbeitseifer und vor allem seine Intelligenz nicht befriedigt werden. Seit der »Border« auch von Nichtschäfern als Modehund vermehrt wird, werden sehr viele seelische Krüppel produziert. Dieser herrliche Hund gehört eigentlich in die Hand eines Schäfers.

Gesundheit: Retinaatrophie (PRA), HD, Epilepsie.

Geeignet für: Fortgeschrittene.

KURZ-INFO FCI-Gruppe 1/Nr. 297: *Hüte- und Treibhunde* Ursprungsland: *Großbritannien* Größe: *51–53 cm* Gewicht: *13–22 kg* Fell: *wasserfest, doppelt, nicht zu lang* Farbe: *normal schwarzweiß, auch in vielen Farben, aber Weiß darf niemals überwiegen* Lebenserwartung: *10–14 Jahre und darüber* Welpenpreis: *ca. 800 Euro*

Border Terrier

Verwendung: In der englischen Grafschaft Cumberland, an der Grenze Schottlands, entstand der »Grenzterrier«. Er wurde als reiner Jagdterrier gezüchtet, um den von einer Meute verfolgten Fuchs wieder aus dem Bau zu treiben. Er war ausdauernd und schnell genug, um mit einer Hetzmeute mitzuhalten.

Erziehung: 🐾🐾
Stadt: 🐾🐾🐾🐾
Familie: 🐾
Pflege: 🐾🐾
Beschäftigung: 🐾🐾🐾🐾🐾

Charakter: Dieser raubzeugscharfe, typische Terrier fürchtet auch heute noch keinen Gegner. Er ist hart im Nehmen, clever und lernt schnell. Er versteht sich mit Kindern, wenn sie ihn ernst nehmen. Er liebt die Bewegung und den Sport. Mit Artgenossen ist er in der Regel friedlich.

Haltung: Ein schlecht erzogener Border kann sehr lästig sein. Beim Freilauf braucht er die absolute Kontrolle, da er gern wildert. Wenn die Terrier beim Agility über die Hindernisse brettern, bleibt beim sportlichen Gegner kein Auge trocken.

Gesundheit: Selten Herzprobleme, HD und PRA.

Geeignet für: Anfänger

KURZ-INFO FCI-Gruppe 3/Nr. 10: *Terrier* **Ursprungsland:** *Großbritannien* **Größe:** *ca. 33 cm* **Gewicht:** *5,1–7,1 kg* **Fell:** *hart, mit eng anliegender, dichter Unterwolle* **Farbe:** *rot, weizenfarben, grau meliert, lohfarben, blau* **Lebenserwartung:** *bis zu 15 Jahre* **Welpenpreis:** *ca. 800 Euro*

Boston Terrier

Verwendung: Mitte des 19. Jahrhunderts kreuzten die Amerikaner verschiedene Kampfhunderassen, und so entstand in der Gegend um Boston der Boston Terrier, der ursprünglich als Kampfhund vorgesehen war. Heute ist er längst ein manierlicher Familienhund.

Erziehung:	🐾🐾🐾
Stadt:	🐾
Familie:	🐾
Pflege:	🐾
Beschäftigung:	🐾🐾🐾🐾

Charakter: Der heutige Boston Terrier ist ein lustiger, harmloser, menschenfreundlicher Begleithund, der sich auch mit Kindern gut versteht. Er ist wachsam, aber kein Kläffer. Seine Spielbereitschaft ist grenzenlos. Da er recht intelligent ist, lernt er sehr schnell fast jedes Kunststück.

Haltung: Er sollte gewissenhaft erzogen werden, da er sehr selbstbewusst ist. Er braucht die Nähe zum Menschen, haart nicht und riecht nicht nach Hund.

Gesundheit: Beim Kauf sollte man sehr genau auf gesunde Zuchtlinien achten. Vor extremer Hitze und Kälte ist er zu schützen. Seine winzige Stummelrute ist angeboren.

Geeignet für: Anfänger

KURZ-INFO FCI-Gruppe 9/Nr. 140: *Gesellschafts- und Begleithunde* **Ursprungsland:** *USA* **Größe:** *36–42 cm* **Gewicht:** *6,5–11,3 kg* **Fell:** *kurz, glatt und glänzend* **Farbe:** *gestromt, schwarz oder seal, mit weißen Abzeichen* **Lebenserwartung:** *12–15 Jahre* **Welpenpreis:** *ca. 800 Euro*

Bouvier des Flandres

Verwendung: Genau wie bei uns der Rottweiler (→ Seite 186) war der Bouvier in Flandern ein Helfer beim Viehtreiben, musste Diebe abhalten, Wagen und sogar Kanalboote ziehen. Er lebte unter härtesten Bedingungen, was sich positiv auf sein heutiges Wesen auswirkte. Er ist der Letzte der einst weit verbreiteten Rinderhunde (Bouviers).

Erziehung: 🐾🐾
Stadt: nein
Familie: 🐾🐾
Pflege: 🐾🐾🐾
Beschäftigung: 🐾🐾🐾🐾🐾

Charakter: Sein bärenhaftes Aussehen täuscht. Er ist äußerst beweglich und auch schnell, athletisch, mutig mit ausgeprägtem Schutztrieb. Er meldet nur, wenn es notwendig ist. Er ist aber sensibel, und Ungerechtigkeiten und Grobheiten vergisst er lange nicht. Inmitten seiner Familie ist er restlos glücklich.
Haltung: Er gehört zu den anerkannten Dienst- und Gebrauchshunderassen und muss konsequent erzogen werden. Er braucht genügend Platz und Beschäftigung. Für seine Familie geht er durchs Feuer.
Gesundheit: HD, Magendrehung.
Geeignet für: Konsequente Fortgeschrittene

KURZ-INFO **FCI-Gruppe 1/Nr. 191:** *Hüte- und Treibhunde*
Ursprungsland: *Frankreich/Belgie**n** **Größe:** *R 62–68 cm, H 59–65 cm* **Gewicht:** *R 35–40 kg, H 27–35 kg* **Fell:** *zottig* **Farbe:** *falb oder grau, gestromt oder rußig, schwarz* **Lebenserwartung:** *etwa 12 Jahre* **Welpenpreis:** *ca. 900 Euro*

Brandlbracke

Verwendung: Diese Rasse gehört zu den glatthaarigen österreichischen Bracken, die wegen ihrer gelben Flecken an den Augenbrauen auch Vieräugl genannt werden. Unsere Vorfahren glaubten, dass solche »vieräugigen« Hunde böse Geister abwehrten. Im Vergleich mit alten Abbildungen und Beschreibungen des 14. Jahrhunderts hat sich die Rasse im Aussehen bis heute kaum verändert.

Erziehung: 🐾 🐾
Stadt: nein
Familie: 🐾
Pflege: 🐾
Beschäftigung: 🐾 🐾 🐾 🐾

Charakter: Hervorragender, ausdauernder Schweißhund für die Gebirgsjagd, wo es auch auf körperliche Gewandtheit im felsigen Gelände, wie gute Spring- und Klettereigenschaften, ankommt. Ein spurlauter und fährtensicherer Hund mit Wild- und Raubzeugschärfe. Er stöbert genauso gut im Wasser wie auch zu Lande.

Haltung: Der Hund sollte nur gehalten werden, wenn er auch jagdlich geführt wird.

Gesundheit: Keine häufigen Erbkrankheiten bekannt.

Geeignet für: Passionierte Jäger

KURZ-INFO **FCI-Gruppe 6/Nr. 63:** *Lauf- und Schweißhunde* **Ursprungsland:** *Österreich* **Größe:** *48–54 cm* **Gewicht:** *20–22 kg* **Fell:** *glatt, anliegend, kurz* **Farbe:** *schwarz mit dunkelbraunem Brand, rötlich braun* **Lebenserwartung:** *bis 12 Jahre und darüber* **Welpenpreis:** *ca. 500 Euro*

Brüsseler Griffon

auch: *Griffon bruxellois*

Verwendung: Aus der Reihe der Belgischen Griffons stammen der Brüsseler Griffon und der deutsche Affenpinscher (→ Seite 28) sicher vom gleichen struppigen Vorfahren ab; sie wurden nur in verschiedenen Farben, als Affenpinscher in Schwarz und als Brüsseler Griffon in Fuchsrot, als zwei verschiedene Rassen weitergezüchtet. In Deutschland ist der Brüsseler nicht besonders verbreitet, da er relativ schwierig zu züchten ist und sein Aussehen vielleicht nicht dem heutigen Geschmack entspricht.

Charakter: Lebhafte, anhängliche und robuste, handliche Wohnungshunde, die aber gern laufen und spielen.

Haltung: Sie bellen nicht oft, und das nur relativ leise, vermutlich weil sie durch die zurückgezüchtete Nase schlecht Luft bekommen. Dadurch tränen auch ihre Augen stark.

Gesundheit: Die Augen-Nasen-Region muss gewissenhaft gepflegt werden. Sie schnarchen.

Geeignet für: Anfänger

Erziehung:	🐾 🐾
Stadt:	🐾
Familie:	🐾
Pflege:	🐾 🐾
Beschäftigung:	🐾 🐾

KURZ-INFO *FCI-Gruppe 9/Nr. 80: Gesellschafts- und Begleithunde* **Ursprungsland:** *Belgien* **Größe:** *25 cm* **Gewicht:** *ca. 4 kg* **Fell:** *rauhaarig* **Farbe:** *fuchsrot* **Lebenserwartung:** *15 Jahre und älter* **Welpenpreis:** *ca. 800 Euro*

Buhund

auch: *Norsk Buhund*

Verwendung: Seine ursprüngliche Aufgabe war das Bewachen des Hauses und beim Treiben des Viehs zu helfen. Das drückt sich in dem norwegischen Wort »Bu« (Wohnung oder Vieh) in seinem Namen aus. Seinen Mut zeigte der relativ kleine spitzartige Hund bei der Bären- und Wolfsjagd. In Norwegen wird die Rasse als Kulturgut gefördert. In Deutschland ist dieser schöne Hund aber so gut wie unbekannt.

Erziehung: 🐾🐾
Stadt: nein
Familie: 🐾
Pflege: 🐾
Beschäftigung: 🐾🐾🐾🐾

Charakter: Lebhaft, leicht erziehbar und menschenfreundlich. Er ist anhänglich und mag Kinder.

Haltung: Als guter Wächter ist er sehr energisch und bellfreudig. Er verlangt viel Beschäftigung und Bewegung und ist dabei sehr ausdauernd. Seine Besitzer sollten Hundesachverstand haben.

Gesundheit: Keine rassespezifischen Erkrankungen.

Geeignet für: Fortgeschrittene

KURZ-INFO **FCI-Gruppe 5/Nr. 237:** *Spitze und Hunde vom Urtyp* **Ursprungsland:** *Norwegen* **Größe:** *41–47 cm* **Gewicht:** *18 kg* **Fell:** *stockhaarig, dicht, derb* **Farbe:** *Falbe (wie das Fjordpferd) bis rot-gelb, dunkle Maske ist erlaubt, einfarbig schwarz, auch mit weißem Halsring, Brust und Pfoten* **Lebenserwartung:** *ca. 12 Jahre* **Welpenpreis:** *ca. 800 Euro*

Bullmastiff

Verwendung: In der zweiten Hälfte des 19. Jahrhunderts verwendeten Jagdaufseher englischer Gutsbesitzer Kreuzungen zwischen Mastiff und Bulldogge, die Bullmastiffs, bei der Bekämpfung von Wilderern. Gleich-

Erziehung:	🐾🐾🐾
Stadt:	🐾🐾🐾🐾
Familie:	🐾
Pflege:	🐾
Beschäftigung:	🐾🐾🐾

zeitig bewachten diese Hunde auch die Landgüter und legten Viehdieben das Handwerk.

Charakter: Er ist ausgeglichen im Wesen, zu seiner Familie freundlich und mit Kindern geduldig. Fremden gegenüber ist er gleichgültig. Er neigt nicht zum Streunen oder Wildern.

Haltung: Er ist genauso wie die Bordeaux-Dogge (→ Seite 61), mit der er fast identisch ist, kein besonders lauffreudiger Hund, der aber gern Spaziergänge macht. Mit Konsequenz ist er zwar erziehbar, aber nicht besonders unterordnungsbereit. Man sollte seinen Schutztrieb auch nicht im sportlichen Bereich wecken.

Gesundheit: HD, Magendrehung, Krebs, Entropium.

Geeignet für: Fortgeschrittene

KURZ-INFO **FCI-Gruppe 2/Nr. 157:** *Pinscher und Schnauzer, Molossoide, Schweizer Sennenhunde* **Ursprungsland:** *Groß-britannien* **Größe:** *61–68,5 cm* **Gewicht:** *40–50 kg* **Fell:** *kurz, hart, glatt* **Farbe:** *rot, rehbraun, gestromt, dunkle Maske* **Lebenserwartung:** *ca. 10 Jahre* **Welpenpreis:** *ca. 1000 Euro*

Bullterrier

auch: *Bull Terrier*

Verwendung: Etwa um 1860 kreuzte ein Engländer namens Hinks Bulldoggen und weiße englische Terrier und schuf so den heutigen Bullterrier. Das Ziel war ein leichter, wendiger Kampfhund für Hundekämpfe, bei denen es zur damaligen Zeit um sehr viel Geld ging.

Erziehung: 🐾 🐾 🐾
Stadt: 🐾 🐾 🐾 🐾 🐾
Familie: 🐾 🐾 🐾
Pflege: 🐾
Beschäftigung: 🐾 🐾 🐾

Charakter: Grundsätzlich ist er heute menschenfreundlich in die Familie integriert. Er ist selbstbewusst und neigt zur Dominanz. Gegenüber Artgenossen ist er nicht immer duldsam.

Haltung: Er braucht eine frühzeitige Sozialisierung und konsequente Erziehung.

Gesundheit: Neigung zu Nabelbruch, Taubheit bei weißen Hunden, Entropium, Neigung zu Tumoren, Herz- und Kreislauferkrankungen, HD.

Geeignet für: Mindestens Fortgeschrittene

Wichtig: Bitte beachten Sie die Gesetze über gefährliche Hunde (→ Seite 16).

KURZ-INFO FCI-Gruppe 3/Nr. 11: *Terrier* **Ursprungsland:** *Großbritannien* **Größe:** *etwa 55 cm* **Gewicht:** *etwa 30 kg* **Fell:** *hart, kurz, dünn, glänzend* **Farbe:** *alle außer blau und leberfarbig* **Lebenserwartung:** *etwa 10 Jahre* **Welpenpreis:** *ca. 800 Euro*

Cairn Terrier

Verwendung: Er hat seinen Namen von dem gälischen Wort »cairn« für Steine. In Schottland verbergen sich in den vielen Geröllhaufen Füchse, Dachse und Otter. Um diese jagen zu können, brauchte man einen intelligenten, harten Hund wie den Cairn Terrier.

Erziehung: 🐾🐾
Stadt: 🐾
Familie: 🐾
Pflege: 🐾🐾🐾
Beschäftigung: 🐾🐾🐾🐾

Charakter: Im Lauf der Jahre ist er zum pfiffigen Begleithund geworden. Der nach wie vor selbstständige, aber nicht eigensinnige Hund blieb ein fröhlicher Draufgänger, der gut lernt, aber einen konsequenten Halter braucht. Er ist wachsam, ohne viel zu kläffen.

Haltung: Liebt das Abenteuer und will beim Spaziergang nicht immer bekannte Wege gehen. Er erwartet sehr viel Aufmerksamkeit und will Aufgaben lösen, wozu man clever sein muss. Er toleriert auch Kinder, Hauptsache, es rührt sich was.

Gesundheit: Grüner Star, Entropium.

Geeignet für: Anfänger

KURZ-INFO FCI-Gruppe 3/Nr. 4: *Terrier* **Ursprungsland:** *Großbritannien* **Größe:** *30 cm* **Gewicht:** *6 kg* **Fell:** *hart und wasserabweisend mit dichter Unterwolle, muss leicht getrimmt werden* **Farbe:** *rot, creme, weizenfarben, grau oder nahezu schwarz, gestromt* **Lebenserwartung:** *bis zu 15 Jahre* **Welpenpreis:** *ca. 800 Euro*

Cavalier King Charles Spaniel

Verwendung: Die Rasse ist bereits auf alten Gemälden meist mit adeligen Damen zu sehen. Es waren die Lieblingshunde der englischen Könige, was sie auch mit ihrem Namen dokumentieren. Die Rasse ähnelt im Aussehen dem King Charles Spaniel (→ Seite 139), hat aber eine längere Schnauze und ist etwas größer.

Erziehung: 🐾
Stadt: 🐾
Familie: 🐾
Pflege: 🐾🐾🐾
Beschäftigung: 🐾🐾🐾

Charakter: Ein freundlicher, fröhlicher, verspielter, liebevoller und sehr personenbezogener Hund. Er spielt auch gern mit Kindern. Leicht zu erziehen. Friedlich mit anderen Hunden.

Haltung: Liebt ausgedehnte Spaziergänge, ist aber auch mit weniger zufrieden, wenn das Wetter nicht passt.

Gesundheit: Wichtig ist die gewissenhafte Pflege der Augen, Ohren und des Fells. Beim Kauf auf angeborene Herzkrankheiten und auf die Qualität des Züchters achten.

Geeignet für: Anfänger

KURZ-INFO FCI-Gruppe 9/Nr. 136: *Gesellschafts- und Begleithunde* **Ursprungsland:** *Großbritannien* **Größe:** *25–34 cm* **Gewicht:** *4,4–8,8 kg* **Fell:** *weich, seidig, lang, reich befranst* **Farbe:** *schwarz mit lohfarbenen Abzeichen, kastanienbraun tricolor, weiß mit kastanienbraunen oder gelbroten Platten* **Lebenserwartung:** *bis 13 Jahre und älter* **Welpenpreis:** *ca. 800 Euro*

Chart Polski

auch: *Polnischer Windhund*

Verwendung: Wahrscheinlich aus Kreuzungen polnischer Jagdhunde mit asiatischen Windhunden und dem Greyhound entstanden. Der polnische Adel jagte mit diesem besonderen Windhund zu Pferd. Im Zweiten Weltkrieg überlebten nur wenige Exemplare, mit denen wieder eine Zucht aufgebaut wurde.

Erziehung: 🐾🐾
Stadt: nein
Familie: 🐾🐾
Pflege: 🐾
Beschäftigung: 🐾🐾🐾🐾🐾

Charakter: Als Windhund extrem gehorsam. Er lernt leicht und gern. Enge Bindung an seine Bezugsperson. Als Haushund ist er ruhig, freundlich und liebevoll. Wachsam, ohne aggressiv zu sein. Geduldig mit Kindern.

Haltung: Zur Mehrhundehaltung nicht geeignet, da er sehr dominant ist. Er braucht viel Bewegung auf der Rennbahn, beim Joggen und Radfahren mit seinem Menschen.

Gesundheit: Robust und nicht heikel, von häufigen Krankheiten ist nichts bekannt.

Geeignet für: Fortgeschrittene

KURZ-INFO **FCI-Gruppe 10/Nr. 333:** *Windhunde*
Ursprungsland: *Polen* **Größe:** *R 70–80 cm, H 68–75 cm*
Gewicht: *25–30 kg* **Fell:** *kurz, glatt, anliegend* **Farbe:** *alle Farben außer gestromt* **Lebenserwartung:** *10–12 Jahre*
Welpenpreis: *ca. 1000 Euro*

Chesapeake Bay Retriever

Verwendung: Ein in Deutschland so gut wie unbekannter Jagdhund, der eine Kreuzung aus Neufundländer, amerikanischen Jagdhunden, Water Spaniels und Curly-Coated Retrievern sein dürfte. Bei Entenjagden im kalten Wasser läuft er zu Höchstform auf. Haupttalent ist Stöbern und Apportieren. Sein fettiges, Wasser abweisendes Fell macht ihn unempfindlich gegen Nässe.

Erziehung: 🐾
Stadt: 🐾 🐾 🐾 🐾 🐾
Familie: 🐾 🐾
Pflege: 🐾 🐾
Beschäftigung: 🐾 🐾 🐾 🐾 🐾

Charakter: Nervenfest, mutig und lebhaft. Zu seinen Menschen ist er liebenswert und treu. Trotzdem dürfte er nicht der ideale Begleithund sein.

Haltung: Obwohl er eine sehr enge Bindung zum Menschen sucht, will er nicht immer im Haus sein. Er ist dominant und zeigt sich auch als guter Schutzhund. Er braucht eine frühzeitige ausreichende Sozialisierung und sehr konsequente, aber liebevolle Erziehung.

Gesundheit: PRA, HD.

Geeignet für: Fortgeschrittene

KURZ-INFO **FCI-Gruppe 8/Nr. 263:** *Apportier-, Stöber- und Wasserhunde* **Ursprungsland:** *USA* **Größe:** *53–66 cm* **Gewicht:** *25–36,5 kg* **Fell:** *kurz, wasserabweisend, etwas fettig* **Farbe:** *alle Brauntöne und »wie totes Gras«* **Lebenserwartung:** *10–12 Jahre* **Welpenpreis:** *ca. 500 Euro*

Chihuahua

Verwendung: Er ist der kleinste Hund der Welt, und angeblich gab es ihn schon bei den Azteken, allerdings nur als Kurzhaar. Die langen Haare wurden von amerikanischen Züchtern eingekreuzt, was ihm aber ein etwas »deformiertes« Aussehen gibt.

Erziehung:	🐾
Stadt:	🐾
Familie:	🐾 🐾 🐾
Pflege:	🐾
Beschäftigung:	🐾 🐾

Charakter: Aus guter Zucht ist er selbstbewusst und voller Temperament. Gelehrig und wachsam. Liebevoll und verschmust. Bei einer Begegnung mit großen Hunden neigt er oft zum Größenwahn.

Haltung: Nässe und Kälte liebt er nicht. Bei schlechtem Wetter bleibt er lieber zu Hause. Er muss frühzeitig sozialisiert werden und andere Hunde kennen lernen, da er sonst zum Kläffer wird und alle Hunderegeln außer Acht lässt. Von Kindern fühlen sich die Hunde genervt.

Gesundheit: Vereinzelt Spaltrachen, Herzklappenprobleme, Wasserköpfigkeit.

Geeignet für: Anfänger

KURZ-INFO FCI-Gruppe 9/Nr. 218: *Gesellschafts- und Begleithunde* **Ursprungsland:** *Mexiko* **Größe:** *13 cm* **Gewicht:** *0,5–2,5 kg* **Fell:** *Kurzhaar: glatt, dicht, eng anliegend, glänzend; Langhaar: weich, fransig* **Farbe:** *alle Farben* **Lebenserwartung:** *bis 20 Jahre* **Welpenpreis:** *600–1000 Euro*

Chinesischer Schopfhund

auch: *Chinese Crested Dog*
Verwendung: In China schon seit dem 13. Jahrhundert bekannt, kam er erst 1960 nach Europa. Bei dieser Rasse müssen zwischendurch immer wieder haarige (powder puff) Schopfhunde eingekreuzt werden, um nackte (hairless) Exemplare zu erhalten.

Erziehung: 🐾
Stadt: 🐾
Familie: 🐾 🐾
Pflege: 🐾 🐾 🐾 🐾
Beschäftigung: 🐾 🐾 🐾

Charakter: Es sind liebebedürftige, zärtliche, lebhafte und ideale Wohnungshunde, die sich auch für Allergiker eignen. Fremden gegenüber sind sie abweisend. Vertragen sich gut mit anderen Hunden und Tieren.
Haltung: Er ist nicht so empfindlich gegen Sonne und Kälte, wie ihm nachgesagt wird. Bei vernünftiger Bewegung in der Natur ist er durchaus robust. Bei extremen Temperaturen liebt er natürlich die Wohnung.
Gesundheit: Gebissanomalien, verschiedene Hautprobleme.
Geeignet für: Anfänger

KURZ-INFO FCI-Gruppe 9/Nr. 288: *Gesellschafts- und Begleithunde* **Ursprungsland:** *China/Großbritannien* **Größe:** *R 28–33 cm, H 23–30 cm* **Gewicht:** *bis 5,5 kg* **Fell:** *Hairless: weiche, lange Haarbüschel an Kopf, Pfoten und Rute; Powder Puff: weich, lang und üppig* **Farbe:** *alle Farben* **Lebenserwartung:** *über 15 Jahre* **Welpenpreis:** *ca. 1500 Euro*

Chow Chow

Verwendung: Kam vor über 100 Jahren als Kanton-Hund nach England. In China stand er nicht zuletzt wegen seiner blauen Zunge auf der Speisekarte. Sein Name kann als »lecker lecker« übersetzt werden.

Erziehung: 🐾 🐾 🐾 🐾
Stadt: 🐾 🐾 🐾
Familie: 🐾 🐾 🐾 🐾
Pflege: 🐾 🐾 🐾 🐾 🐾
Beschäftigung: 🐾 🐾 🐾

Charakter: Typischer Einmann-Hund. Fremde lehnt er mürrisch ab. Eigene Kinder duldet er bestenfalls. Leidenschaftlicher Jäger, Raufereien mit Hunden geht er nicht aus dem Weg. Seinen Herrn liebt er, aber er ist nie unterwürfig.

Haltung: Da er besonders freiheitsliebend ist, bedarf er der Aufsicht. In Richtung Hundesport ist er wegen seiner Sturheit nicht zu motivieren. Er ist nicht besonders lauffreudig, geht aber gern spazieren – wenn möglich, ganz allein.

Gesundheit: Ekzeme, Entropium, Hornhautentzündungen, Hauttumore, Hüftgelenksdysplasie (HD).

Geeignet für: Fortgeschrittene

KURZ-INFO **FCI-Gruppe 5/Nr. 205:** *Spitze und Hunde vom Urtyp* **Ursprungsland:** *China (Großbritannien)* **Größe:** *R 48–56 cm, H 46–51 cm* **Gewicht:** *25–28 kg* **Fell:** *kurzhaariger Schlag selten, aber im Kommen; Langhaarschlag: sehr dicht, abstehend, weich mit weicher Unterwolle* **Farbe:** *einfarbig rot, schwarz, rehfarben, blau und creme* **Lebenserwartung:** *10–12 Jahre* **Welpenpreis:** *ca. 800 Euro*

Clumber Spaniel

Verwendung: Ursprünglich kommt er aus Frankreich. Man wollte einen schwereren Hund, der bedächtig war und dadurch gewissenhafter und gründlicher suchte als der nervige, leichtere Cocker Spaniel. Der Clumber wurde von Edelleuten und Königen besonders geschätzt.

Erziehung: 🐾 🐾
Stadt: 🐾 🐾 🐾
Familie: 🐾 🐾 🐾 🐾
Pflege: 🐾 🐾 🐾 🐾
Beschäftigung: 🐾 🐾 🐾 🐾

Charakter: Er macht einen ernsten und manchmal auch sturen Eindruck. Er neigt eher zum Einmann-Hund und hat auch Launen. An Fremden ist er nicht interessiert. Er sabbert, schnarcht und keucht.

Haltung: Auf Grund seiner schlechten Gewohnheiten ist der Clumber Spaniel als Familienhund nicht gerade sehr populär. Seine hervorragenden Eigenschaften zeigt er erst in der Hand eines Jägers.

Gesundheit: Kaum genetische Probleme. Selten HD, Ektropium. Bei Arbeitslosigkeit neigt er zur Fettleibigkeit. Gewissenhafte Ohren- und Fellpflege ist notwendig.

Geeignet für: Fortgeschrittene

KURZ-INFO FCI-Gruppe 8/Nr. 109: *Apportier-, Stöber- und Wasserhunde* **Ursprungsland:** *Großbritannien* **Größe:** *30–35 cm* **Gewicht:** *25–31,5 kg* **Fell:** *üppig, gerade, seidig* **Farbe:** *weiß mit zitronengelben Flecken* **Lebenserwartung:** *bis 14 Jahre* **Welpenpreis:** *ca. 900 Euro*

Cocker Spaniel

auch: *English Cocker Spaniel*

Verwendung: Seinen Namen hat er von der Waldschnepfe (= woodcock), die er im 19. Jahrhundert jagen musste. Der Name Spaniel zeigt an, dass diese Hunde von spanischen Jagdhunden abstammen. Sie konnten stöbern, spurlaut jagen und apportieren. Auch als Totverbeller bewährten sie sich.

Charakter: Als Familienhund sind sie lebhaft und verspielt. Freundlich und aufgeschlossen im Wesen, sind sie leicht erziehbar, wenn es nicht mit sinnloser Härte geschieht.

Haltung: Der lebendige und fröhliche Hund braucht viel Beschäftigung. Turnierhundesport und Agility machen ihm Freude, wenn es nicht übertrieben wird.

Gesundheit: Augenerkrankungen, Ekzeme, Entzündung des äußeren Gehörgangs, HD, Epilepsie, Cockerwut (Nervenkrankheit, besonders bei roten Cockern), Zitterkrankheit.

Geeignet für: Anfänger

Erziehung: 🐾🐾
Stadt: 🐾🐾
Familie: 🐾🐾
Pflege: 🐾🐾🐾🐾
Beschäftigung: 🐾🐾🐾🐾

KURZ-INFO **FCI-Gruppe 8/Nr. 5:** *Apportier-, Stöber- und Wasserhunde* **Ursprungsland:** *Großbritannien* **Größe:** *39,5–41 cm* **Gewicht:** *12,7–14,5 kg* **Fell:** *mittellang, glatt, seidig, Läufe, Brust und Ohren gut befedert* **Farbe:** *rot, schwarz, zwei- und dreifarbig* **Lebenserwartung:** *12–15 Jahre* **Welpenpreis:** *ca. 500 Euro*

Collie Kurzhaar

Verwendung: Die kurzhaarigen und pflegeleichten Arbeitshunde waren keine reinen Hütehunde, sondern auch als Viehtreiber- und Hofhunde in England beliebt. Sie haben sich bis heute auch in ihren positiven Wesenseigenschaften kaum verändert. Da sie in den Lassie-Filmen zu ihrem Glück nicht mitspielen durften, litten sie nicht wie ihre langhaarigen Verwandten unter den Auswirkungen der Massenzucht.

Charakter: Selbstbewusstsein und Mut zeichnen sie auch heute noch aus. Dazu sind sie intelligent und arbeitsfreudig. Gute Wächter, ohne aggressiv zu sein.

Haltung: In der Familie sehr anpassungsfähig, wenn sie ausreichend beschäftigt werden. Sie brauchen Aufgaben für ihre Intelligenz. Turnierhundesport oder Agility sind echte Herausforderungen.

Gesundheit: Kaum genetische Probleme.

Geeignet für: Anfänger

Erziehung: 🐾
Stadt: 🐾🐾🐾
Familie: 🐾
Pflege: 🐾
Beschäftigung: 🐾🐾🐾🐾

KURZ-INFO FCI-Gruppe 1/Nr. 296: *Hüte- und Treibhunde* **Ursprungsland:** *Großbritannien* **Größe:** *51–61 cm* **Gewicht:** *18–29,5 kg* **Fell:** *kurz, hart, wetterfest* **Farbe:** *zobel-weiß, tricolor, blue-merle* **Lebenserwartung:** *10–12 Jahre* **Welpenpreis:** *ca. 800 Euro*

Collie Langhaar

Verwendung: Ursprünglich war der Langhaar-Collie ein robuster, zuverlässiger schottischer Schäferhund. Erst als man Mitte des 19. Jahrhunderts durch Einkreuzen des Setters und des Barsois einen Ausstellungshund aus ihm machte, begann sein Weg zum Modehund. Den »Rest« gaben ihm die Lassie-Filme. In den letzten Jahren versuchen vernünftige Züchter wieder einen nervenfesten Hund aus ihm zu machen.

Erziehung:	🐾
Stadt:	🐾🐾🐾🐾
Familie:	🐾
Pflege:	🐾🐾🐾
Beschäftigung:	🐾🐾🐾🐾

Charakter: Aus guter Zucht ist der Langhaar-Collie ein kluger, familienbezogener, leicht erziehbarer Hund mit angeborenem Wach- und Schutztrieb.

Haltung: Hat an Agility, Turnierhundesport und Obidians sehr viel Spaß. Auch zum Fährtenhund hat er Talent.

Gesundheit: Entropium, Netzhauterkrankungen, Zwergenwuchs. Merlefarbige Hunde können taub sein.

Geeignet für: Anfänger

KURZ-INFO FCI-Gruppe 1/Nr. 156: *Hüte- und Treibhunde* **Ursprungsland:** *Großbritannien* **Größe:** *R 56–61 cm, H 51–56 cm* **Gewicht:** *22–32 kg* **Fell:** *langes, gerades, grobes Deckhaar mit weicher, dichter Unterwolle* **Farbe:** *zobelfarben mit weiß, tricolor oder blue-merle* **Lebenserwartung:** *10–12 Jahre* **Welpenpreis:** *ca. 800 Euro*

Coton de Tuléar

Verwendung: Angeblich haben ihn Seefahrer nach Madagaskar mitgenommen. Dort wurde er dann als adeliger Schoßhund gehalten. »Gewöhnlichen Bürgern« war es bei Strafe verboten, einen solchen Hund zu besitzen. Sein baumwollartiges Fell gab ihm auch den Namen: »Coton« bedeutet Baumwolle.

Erziehung: 🐾
Stadt: 🐾
Familie: 🐾
Pflege: 🐾
Beschäftigung: 🐾 🐾

Charakter: Ein führiger, leicht erziehbarer, handlicher Familienhund, der sich allen Lebensumständen anpasst und dabei sehr zu empfehlen ist. Da er ein sehr freundliches Wesen hat, ist er kein ausgesprochener Wachhund, was ihn noch sympathischer macht.

Haltung: Er braucht keine besondere Fellpflege und muss nicht den ganzen Tag spazieren geführt werden. Hauptsache für ihn ist, dass er bei seinen Menschen sein kann.

Gesundheit: Sehr robust und nicht krankheitsanfällig.

Geeignet für: Anfänger

KURZ-INFO FCI-Gruppe 9/Nr. 283: *Gesellschafts- und Begleithunde* **Ursprungsland:** *Madagaskar* **Größe:** *25–28 cm* **Gewicht:** *5,4–6,8 kg* **Fell:** *8 cm lang, fein, leicht gewellt* **Farbe:** *weiß, kleine graue oder zitronenfarbige Flecken an den Ohren* **Lebenserwartung:** *12–15 Jahre* **Welpenpreis:** *900–1000 Euro*

Curly-Coated Retriever

Verwendung: Sein Name kommt von seinem kraus gelockten Haar, das auf seine Verwendung als Wasserhund hinweist; als solcher wird er von keinem anderen Hund übertroffen. Zudem zeigt er noch eine ausgeprägte Mannschärfe, weshalb er in der Wildererbekämpfung eingesetzt wurde. Im Gegensatz zu Neuseeland und Australien ist er in Europa fast unbekannt.

Erziehung: 🐾🐾🐾
Stadt: nein
Familie: 🐾🐾🐾
Pflege: 🐾🐾
Beschäftigung: 🐾🐾🐾🐾🐾

Charakter: Er will seinem Herrn gefallen, kennt aber keine Unterwürfigkeit. Muss ab der frühesten Jugend konsequent und geduldig erzogen werden. Er braucht Familienanschluss und versteht sich gut mit Kindern.

Haltung: Auf Grund seiner Robustheit taugt er nicht als Wohnungshund und ist ohne jagdliche Aufgaben auch als Begleithund nicht geeignet.

Gesundheit: Gelegentlich HD und PRA.

Geeignet für: Fortgeschrittene

KURZ-INFO FCI-Gruppe 8/Nr. 110: *Apportier-, Stöber- und Wasserhunde* **Ursprungsland:** *Großbritannien* **Größe:** *63,5–68,5 cm* **Gewicht:** *28–35 kg* **Fell:** *kleine, feste, dichte Locken, wasserfest und schmutzabweisend* **Farbe:** *schwarz, leberfarben* **Lebenserwartung:** *10–15 Jahre* **Welpenpreis:** *ca. 900 Euro*

Dachshund

auch: *Dackel oder Teckel*

Verwendung: Sein Name gibt seinen Verwendungszweck an, aber seine Vielseitigkeit lässt ihn auch spurlaut jagen, eine Schweißfährte verfolgen oder stöbern. Man nimmt an, dass er aus Mutationen kurzbeiniger Bracken herausgezüchtet wurde. Die Ägypter hielten bereits 2000 Jahre v. Chr. und die Germanen schon vor 2000 Jahren dackelartige Hunde. Im Mittelalter hießen sie Dachsschliefer, Dachskriecher oder Lochhündlein. Erst ab 1888 wird der Dackel rein gezüchtet. Es gibt ihn in drei verschiedenen Haararten: Kurzhaar, Rauhaar und Langhaar. Alle drei Rassen gibt es jeweils in drei Größen: Normalschlag, Zwerg- und Kaninchendackel. Interessant: Die Größe wird nicht wie bei allen anderen Hunderassen am Widerrist, sondern am Brustumfang hinter den Vorderläufen gemessen.

Charakter: Ein aufgeweckter, robuster und anhänglicher Hund, der schlau und sehr selbstständig ist. Seine ihm nachgesagte Sturheit ist seine Fähigkeit, im Ernstfall ohne die Hilfe seines Herrn Entscheidungen zu treffen, die ihm z. B. im Dachsbau sein Leben retten können. Er ist wachsam und setzt, wenn es sein muss, auch bisweilen seine Zähne ein. Seit Jahrzehnten kämpft er mit dem Deutschen Schäferhund um den Spitzenplatz als beliebtester Hund.

Haltung: Er muss ab der frühesten Jugend liebevoll, aber sehr konsequent erzogen und sozialisiert werden. Mit Kindern geht er manchmal nicht gerade zimperlich um, deshalb sollte

er ihnen nicht allein überlassen werden. Kaufen Sie einen Dackel nur bei
einem äußerst gewissenhaften Züchter, der primär großen Wert auf die
geistige und körperliche Gesundheit
seiner Hunde legt.

Erziehung: 🐾🐾🐾
Stadt: 🐾
Familie: 🐾🐾
Pflege: 🐾
Beschäftigung: 🐾🐾🐾

Gesundheit: Dackellähme, Entropium, Zahnfleischtumore,
abartiger Beiß- und Verteidigungstrieb. Getigerte Dackel sind
Träger des Merle-Gens, das häufig verantwortlich für Blindheit und Taubheit ist.

Geeignet für: Anfänger

KURZ-INFO **FCI-Gruppe 4/Nr. 148:** *Dachshunde*
Ursprungsland: *Deutschland* **Größe:** *Brustumfang: Normalschlag über 35 cm; Zwergdackel 30–35 cm; Kaninchendackel
bis 30 cm* **Gewicht:** *Normalschlag R über 7 kg, H über 6,5 kg;
Zwergdackel R bis 7 kg, H unter 6,5 kg; Kaninchendackel R bis
4 kg, H bis 3,5 kg* **Fell:** *Kurzhaardackel (Seite 84) kurz, dicht,
eng anliegend, glänzend; Langhaardackel (oben links) weich,
glatt, glänzend, Hals, Ohren, Körperunterseite, Läufe und Rute
gut befedert; Rauhaardackel (oben rechts) dicht, drahtig, anliegend mit Unterwolle* **Farbe:** *Kurzhaardackel schwarz-loh, einfarbig rot, rotgelb; Langhaardackel einfarbig rot, rotgelb,
schwarz-loh; Rauhaardackel rot, dachs- oder saufarben*
Lebenserwartung: *12–14 Jahre* **Welpenpreis:** *ca. 400–500 Euro*

Dalmatiner

auch: *Dalmatinac*

Verwendung: Seit dem späten Mittelalter sieht man immer wieder auf Gemälden getüpfelte Hunde neben Reitern in Verbindung mit Kutschen.

Erziehung: 🐾🐾
Stadt: 🐾🐾
Familie: 🐾
Pflege: 🐾
Beschäftigung: 🐾🐾🐾

Charakter: Ein auffallender, angenehmer Begleithund, der lebhaft und temperamentvoll ist. Wichtig sind für ihn zwei Dinge: die Nähe seines Herrn und viel Bewegung. Er ist wachsam, ohne übertrieben zu bellen.

Haltung: Stundenlange Spaziergänge und als Begleiter von Radfahrern oder Reitern – das wären die besten Voraussetzungen, einen Dalmatiner glücklich zu machen.

Gesundheit: Taubheit und Sehschwäche (deshalb beim Welpenkauf das Ergebnis von Untersuchungen des Gehörs vorlegen lassen), Entropium, Hüftgelenksdysplasie (HD), Allergieempfindlichkeit, Ekzeme, Nierenerkrankungen.

Geeignet für: Anfänger

KURZ-INFO **FCI-Gruppe 6/Nr. 153:** *Lauf- und Schweißhunde*
Ursprungsland: *Kroatien* **Größe:** *R 55–60 cm, H 54–59 cm*
Gewicht: *R 28–30 kg, H 23 kg* **Fell:** *kurz, hart, dicht, glatt und glänzend* **Farbe:** *reinweiß mit möglichst gleich großen, schwarzen oder leberfarbenen Tupfen; Welpen werden weiß geboren* **Lebenserwartung:** *10–12 Jahre* **Welpenpreis:** *ca. 800 Euro*

Dandie Dinmont Terrier

Verwendung: Er bekam seinen Namen nach einer Romanfigur. Verwandt ist er mit dem Bedlington Terrier (→ Seite 51) und gehört zu den robusten schottischen Terriern. Er kämpfte mit Fuchs, Dachs und Otter

Erziehung:	🐾 🐾
Stadt:	🐾 🐾
Familie:	🐾 🐾 🐾
Pflege:	🐾 🐾 🐾
Beschäftigung:	🐾 🐾 🐾

und verlor nicht oft. Im Rauhaardackel (→ Seite 84) fließt auch ein Teil Dandie-Blut, was das kämpferische Verhalten mancher Exemplare erklären würde.

Charakter: Zu seinen Menschen ist er umgänglich, aber auch eigenwillig. Er ist eher ein Einmann-Hund. Für ruhige, ausgeglichene Menschen ist er eher geeignet als für eine Familie mit Kindern. Er ist sehr kritisch zu anderen Hunden und Tieren.

Haltung: Trotz seines starken Willens lässt er sich mit Geduld und Übersicht konsequent erziehen. Er ist immer noch ein exzellenter Ratten- und Mäusejäger.

Gesundheit: Manchmal Rückenprobleme, HD; auf Ohrmilben achten. Sein Haar ist ab und zu leicht zu trimmen.

Geeignet für: Anfänger

KURZ-INFO FCI-Gruppe 3/Nr. 168: *Terrier* **Ursprungsland:** *Großbritannien* **Größe:** *20–25 cm* **Gewicht:** *8 kg* **Fell:** *Mischung aus weichem und hartem Haar, etwa 5 cm lang* **Farbe:** *mustard (Senf), pepper (Pfeffer)* **Lebenserwartung:** *bis 13 Jahre* **Welpenpreis:** *ca. 800 Euro*

Deerhound

Verwendung: Die schottischen Clans gingen mit ihm in den Highlands auf Hirschjagd. »Deer« heißt Hirsch und erklärt seinen Namen. Im 18. Jahrhundert, nachdem die Engländer die Schotten besiegt hatten, musste die Zucht mühsam wieder aufgebaut werden.

Erziehung:	🐾🐾🐾
Stadt:	nein
Familie:	🐾🐾🐾
Pflege:	🐾🐾
Beschäftigung:	🐾🐾🐾🐾

Charakter: Er wurde immer schon als edelster aller Hunde bezeichnet. Eine Mischung aus Weichheit und Aggressivität, ein sensibler Hund in einer buchstäblich rauen Schale. Er drängt sich nicht auf, kann aber sehr zärtlich sein. Fremden gegenüber ist er sehr zurückhaltend. Ein Deerhound ist nie unberechenbar.

Haltung: Im freien Gelände zeigt der Nachfahre der Keltenwindhunde erst sein wahres Temperament. Wenn er engen Kontakt zu seinem Herrn, viel Platz und windhundgerechte Bewegung hat, ist seine Haltung problemlos.

Gesundheit: Magendrehung, Herzprobleme.

Geeignet für: Fortgeschrittene

KURZ-INFO **FCI-Gruppe 10/Nr. 164:** *Windhunde*
Ursprungsland: *Großbritannien* **Größe:** *71–81 cm* **Gewicht:** *R 38–48 kg, H 30–36 kg* **Fell:** *hart und rau, 10 cm lang* **Farbe:** *dunkelgrau bis sandrot, rotfalb, gestromt* **Lebenserwartung:** *10–13 Jahre* **Welpenpreis:** *ca. 900 Euro*

Deutsch Drahthaar

Verwendung: Der »Allround-Hund« unter den Vorstehhunden ist der Deutsch Drahthaar. Er brilliert in allen Jagddisziplinen. Wer mit ihm jagt, braucht keine anderen Spezialisten. Sein Fell schützt ihn vor rauer Witterung und ebensolchem Gelände.

Erziehung: 🐾
Stadt: nein
Familie: 🐾🐾
Pflege: 🐾
Beschäftigung: 🐾🐾🐾🐾🐾

Charakter: Er ist ein harter Jagdgebrauchshund, der auch eine gute Portion Mannschärfe mitbringt. Fremden gegenüber ist er zurückhaltend, ohne aggressiv zu sein. Wenn der Deutsch Drahthaar nicht arbeitslos ist, ist er zu seinen Menschen freundlich, liebevoll und ausgeglichen.

Haltung: Der Deutsch Drahthaar ist der herrlichste Hund, wenn er seine Feldarbeit verrichten kann. Arbeitslos und in der Hand eines Anfängers vegetiert er dahin und bekommt Verhaltensprobleme.

Gesundheit: Im Allgemeinen sehr robust. Achten auf Hüftgelenksdysplasie (HD), Entropium, Magendrehung.

Geeignet für: Nur für Jäger

KURZ-INFO **FCI-Gruppe 7/Nr. 98:** *Vorstehhunde*
Ursprungsland: *Deutschland* **Größe:** *R 60–67 cm, H 55–60 cm*
Gewicht: *28–35 kg* **Fell:** *hartes, wetterfestes Drahthaar, doppelt* **Farbe:** *braun, schwarz- oder braunschimmel* **Lebenserwartung:** *bis 14 Jahre* **Welpenpreis:** *ca. 500 Euro*

Deutsch Kurzhaar

Verwendung: Der Deutsch Kurzhaar ist wie der Deutsch Drahthaar (→ Seite 89) ebenfalls ein Alleskönner. Sein eleganteres Aussehen hat er vom eingekreuzten englischen Pointer (→ Seite 178). Er gehört zu den auch im Ausland sehr verbreiteten und beliebten deutschen Jagdhundrassen, da er sich auch jedem Klima anpasst.

Erziehung: 🐾🐾
Stadt: nein
Familie: 🐾🐾🐾
Pflege: 🐾
Beschäftigung: 🐾🐾🐾🐾

Charakter: Der äußerst temperamentvolle und nervige Arbeitshund braucht eine gute Ausbildung. Er lernt schnell und ist gut erziehbar. Mit Kindern kommt er gut zurecht.

Haltung: Er liebt sehr engen Kontakt zu seinen Menschen. Der sehr lebhafte Hund ist in der Familie nur tragbar, wenn er jagdlich geführt wird und sich ausarbeiten kann. Die Haltung als ausschließlicher Liebhaberhund funktioniert nur, wenn man ihn den ganzen Tag anderweitig beschäftigt.

Gesundheit: HD, Entropium, Ohrenentzündungen.

Geeignet für: Fortgeschrittene

KURZ-INFO **FCI-Gruppe 7/Nr. 119:** *Vorstehhunde*
Ursprungsland: *Deutschland* **Größe:** *R 58–65 cm, H 53–59 cm*
Gewicht: *22–32 kg* **Fell:** *kurz, flach, etwas rau* **Farbe:** *einheitlich braun oder mit weißen oder gesprenkelten Abzeichen bzw. Platten, hell- und schwarzschimmel mit und ohne weiße Platten*
Lebenserwartung: *10–12 Jahre* **Welpenpreis:** *ca. 500 Euro*

Deutsch Langhaar

Verwendung: Der Deutsch Langhaar ist ein nach strengen Maßstäben auf hohe jagdliche Leistung gezüchteter Vorstehhund. Vogelhunde und Stöberhunde sind seine Vorfahren. Seit 1879 wird er unverändert rasserein gezüchtet. Besonderer Wert wird auf Schweißfährte, Verlorenbringen und auf die Arbeit im Wasser gelegt.

Erziehung: 🐾
Stadt: nein
Familie: 🐾 🐾
Pflege: 🐾 🐾
Beschäftigung: 🐾 🐾 🐾 🐾 🐾

Charakter: Er hat ein ausgeglichenes, ruhiges Wesen, ist führig und lernt schnell. Menschen und anderen Hunden gegenüber muss er ohne Aggression sein. Ist er das nicht, wird er als nicht wesensfest von der Zucht ausgeschlossen.

Haltung: Von den verantwortungsvollen Züchtern wird der Deutsch Langhaar nur an Jäger abgegeben. Bei jagdlicher Auslastung fügt er sich harmonisch in die Familie des Jägers ein.

Gesundheit: Ein robuster, kälteunempfindlicher Hund mit keinen bekannten angeborenen Erkrankungen.

Geeignet für: Jäger

KURZ-INFO **FCI-Gruppe 7/Nr. 117:** *Vorstehhunde*
Ursprungsland: *Deutschland* **Größe:** *R 63–66 cm, H 60–63 cm*
Gewicht: *22–32 kg* **Fell:** *3,5 cm lang, flach anliegend, hart mit dichter Unterwolle* **Farbe:** *braun mit oder ohne weiße Abzeichen, braunschimmel, hellschimmel, forellentiger* **Lebenserwartung:** *12–14 Jahre* **Welpenpreis:** *ca. 500 Euro*

Deutsche Dogge

Verwendung: Schon die Germanen gingen mit doggenartigen Hunden auf Wildschweinjagd, während es später nur dem Adel vorbehalten war, mit ganzen Meuten solcher Hunde auf Sauhatz zu gehen. Später waren sie nur noch Begleiter reicher Bürger. Fürst Bismarck beförderte die Dogge sogar zum »Reichshund«.

Erziehung: 🐾🐾
Stadt: nein
Familie: 🐾
Pflege: 🐾
Beschäftigung: 🐾🐾🐾🐾

Charakter: Gute Doggen sind sanft und gutmütig, liebevoll und ausgeglichen zu ihren Menschen und den Kindern. Mit liebevoller, geduldiger Konsequenz sind sie gut zu erziehen.

Haltung: Für diese großen Hunde braucht man Platz und viel Zeit, um sie ausreichend zu bewegen. Sie wollen in der Familie leben und würden im Zwinger verderben.

Gesundheit: Beim Kauf auf gesunde Zuchtlinien achten. Bisweilen Knochen-, Augen- und Hauterkrankungen, bei Tigerdoggen vereinzelt Taubheit.

Geeignet für: Fortgeschrittene

KURZ-INFO FCI-Gruppe 2/Nr. 235: *Pinscher und Schnauzer, Molossoide, Schweizer Sennenhunde* **Ursprungsland:** *Deutschland* **Größe:** *R mind. 80 cm, H mind. 72 cm* **Gewicht:** *ca. 50 kg* **Fell:** *sehr kurz, dicht, glänzend* **Farbe:** *gelb, gestromt, blau, schwarz, schwarzweiß gefleckt (Tiger)* **Lebenserwartung:** *5–10 Jahre* **Welpenpreis:** *ca. 800 Euro*

Deutscher Boxer

Verwendung: Ursprünglich Jagdgehilfe als Sau- oder Bärenpacker, später als Bullenbeißer bei Tierkämpfen missbraucht, entwickelten sich die ab 1860 Boxer genannten Hunde im Lauf der Zeit zu brauchbaren Schutzhunden, die zu den anerkannten Dienst- und Gebrauchshunderassen gehören.

Erziehung: 🐾
Stadt: 🐾
Familie: 🐾
Pflege: 🐾🐾
Beschäftigung: 🐾🐾🐾🐾🐾

Charakter: Er ist freundlich und unwahrscheinlich verspielt, doch wenn es sein muss ein ernsthafter Verteidiger. Seine Geduld mit Kindern ist grenzenlos. Er ist gut einschätzbar, denn man kann ihm seine Stimmungen am Gesicht ablesen.

Haltung: Wenn er liebevoll und konsequent erzogen wird, ist er sehr folgsam. Eignet sich gut für den Hundesport. Ohne Beschäftigung kann er zum Problem werden.

Gesundheit: Bösartige oder gutartige Tumore, erbliche Spondylose, Drüsen- und Hodenkrebs, Augenerkrankungen.

Geeignet für: Anfänger

KURZ-INFO **FCI-Gruppe 2/Nr. 144:** *Pinscher und Schnauzer, Molossoide, Schweizer Sennenhunde* **Ursprungsland:** *Deutschland* **Größe:** *55–63 cm* **Gewicht:** *R 30–32 kg, H 24–25 kg* **Fell:** *kurz, flach, dicht, glänzend* **Farbe:** *gelb und gestromt, mit oder ohne weiße Abzeichen* **Lebenserwartung:** *8–9 Jahre, auch darüber* **Welpenpreis:** *ca. 800 Euro*

Deutscher Jagdterrier

Verwendung: Wurde herausgezüchtet aus dem Foxterrier und rauhaarigen englischen Terriern. Entstanden ist ein vielseitiger Jagdhund, der an Jagdeifer, Arbeitsfreude und Härte kaum von einem anderen Terrier übertroffen werden kann. Dieser Hund nimmt alles ernst. Charme kennt er nicht.

Erziehung: 🐾🐾🐾🐾
Stadt: nein
Familie: nein
Pflege: 🐾
Beschäftigung: 🐾🐾🐾🐾🐾

Charakter: Er vereint alle Arbeitsqualitäten, die sich ein Jäger wünscht. Als Begleithund ist er wegen seiner Aggressionsbereitschaft, seiner Schärfe und nicht zuletzt wegen seines Freiheits- und Bewegungsdrangs nicht geeignet. Er ist todesmutig und starrköpfig.

Haltung: Diese Rasse ist als extremer Arbeitshund nur unter absoluter Kontrolle zu halten. Als Familienhund ist der Deutsche Jagdterrier nicht geeignet.

Gesundheit: Robuster, vitaler Hund ohne genetische Probleme.

Geeignet für: Nur für Jäger

KURZ-INFO FCI-Gruppe 3/Nr. 103: *Terrier* **Ursprungsland:** *Deutschland* **Größe:** *bis 40 cm* **Gewicht:** *9–10 kg* **Fell:** *Glatt- oder Drahthaar, jeweils kurz und hart* **Farbe:** *schwarz, schwarzgraumeliert oder dunkelbraun, mit jeweils lohfarbenen Abzeichen* **Lebenserwartung:** *12–14 Jahre* **Welpenpreis:** *500 Euro*

Deutscher Schäferhund

Verwendung: Keine andere Hunderasse bringt so hervorragende Leistungen als Hüte-, Blindenführ-, Behindertenhilfs-, Lawinenrettungs- und Polizeihund. Als Helfer in den Armeen, als Drogen-, Sprengstoff- oder Leichensuchhund kann der Deutsche Schäferhund noch durch kein technisches Gerät ersetzt werden.

Erziehung: 🐾
Stadt: 🐾🐾🐾
Familie: 🐾
Pflege: 🐾🐾
Beschäftigung: 🐾🐾🐾🐾🐾

Charakter: Aus guter Zucht, gut sozialisiert und ohne sinnlose Gewalt konsequent erzogen, ist er ein ausgeglichener und zuverlässiger Familienhund. Wachsamkeit und Schutztrieb sind ihm angeboren.

Haltung: Braucht tägliche Beschäftigungen, die ihn nicht nur körperlich trainieren, sondern auch seine Intelligenz fordern.

Gesundheit: HD, verschiedene Gelenkerkrankungen, Augenerkrankungen, Allergien.

Geeignet für: Fortgeschrittene

KURZ-INFO **FCI-Gruppe 1/Nr. 166:** *Hüte- und Treibhunde* **Ursprungsland:** *Deutschland* **Größe:** *55–65 cm* **Gewicht:** *28–35 kg* **Fell:** *Stockhaar, wetterfestes Deckhaar mit Unterwolle* **Farbe:** *schwarze Decke mit braunen, gelben oder grauen Abzeichen, schwarz oder wolfsgrau einfarbig oder mit braunen Abzeichen* **Lebenserwartung:** *12–14 Jahre* **Welpenpreis:** *500–600 Euro*

Deutscher Wachtelhund

Verwendung: Als Stöberhund stammt er von den Bracken ab und ist hinsichtlich der Entwicklung gleichsam eine Vorstufe zum Vorstehhund. Von den Engländern als German Spaniel bezeichnet, eignet er sich bei uns

Erziehung: 🐾🐾
Stadt: nein
Familie: 🐾🐾🐾🐾
Pflege: 🐾🐾
Beschäftigung: 🐾🐾🐾🐾

hauptsächlich zur Jagd im Wald; dabei zeigt er sich sehr vielseitig. Aufstöbern und Finden, spurlautes Jagen und Nachsuchen sind seine Fähigkeiten. Hinzu kommt seine gute Wasserarbeit und sein sicheres Apportieren.

Charakter: Der Deutsche Wachtelhund ist ein scharfer Jäger, hart, mutig und selbstbewusst.

Haltung: Er ist ein angenehmer Jagdgefährte, der engen Kontakt zu seinem Herrn sucht, aber keinesfalls als gesitteter Begleithund bezeichnet werden kann. Die Familie des Jägers nimmt er in Kauf.

Gesundheit: Robuster Hund ohne besondere genetisch bedingte Erkrankungen.

Geeignet für: Nur für Jäger

KURZ-INFO **FCI-Gruppe 8/Nr. 104:** *Apportier-, Stöber- und Wasserhunde* **Ursprungsland:** *Deutschland* **Größe:** *45–54 cm* **Gewicht:** *ca. 20 kg* **Fell:** *kräftig dicht, wellig, flach anliegend, glänzend* **Farbe:** *braun und braunschimmel* **Lebenserwartung:** *bis 15 Jahre* **Welpenpreis:** *ca. 500 Euro*

Do Khyi

auch: *Tibet-Dogge*

Verwendung: Wird als Vorfahre aller Kampf- und Hirtenhundrassen und aller doggenartigen Hunde bezeichnet. Schwerer, muskulöser, dicht behaarter Hund mit großem Kopf und mächtigen Kiefern, der es auch mit Bären aufnehmen kann.

Erziehung:	🐾 🐾 🐾 🐾
Stadt:	nein
Familie:	🐾 🐾 🐾 🐾
Pflege:	🐾 🐾
Beschäftigung:	🐾 🐾

Charakter: Als »Prototyp« aller Herdenschutzhunde agiert der Hund in entscheidenden Situationen selbstständig und ist, wenn er »schützt«, keinem Befehl mehr zugänglich. Bei frühzeitiger konsequenter Erziehung und Sozialisierung sowie engem Kontakt mit verständigen Menschen ist er (nur zu seiner Familie!) ein gutmütiger, aber nicht gerade besonders unterordnungsbereiter Hausgenosse.

Haltung: Haltung in engen Wohngebieten bedeutet »Dauer-Bewachungsstress«; dann können sie zur Gefahr werden.

Gesundheit: HD, ansonsten robust und gesund.

Geeignet für: Fortgeschrittene

K U R Z - I N F O **FCI-Gruppe 2/Nr. 230:** *Pinscher und Schnauzer, Molossoide, Schweizer Sennenhunde* **Ursprungsland:** *Tibet* **Größe:** *61–71 cm* **Gewicht:** *64–78 kg* **Fell:** *dicht mit dichter Unterwolle* **Farbe:** *schwarz, schwarz mit loh, goldbraun, schiefergrau mit oder ohne loh* **Lebenserwartung:** *über 10 Jahre* **Welpenpreis:** *ca. 1000 Euro*

Dobermann

Verwendung: Luis Dobermann züchtete um 1860 aus verschiedenen anderen mannhaften Hunderassen zu seinem Schutz als Steuereintreiber einen zuverlässigen und scharfen Hund heraus.

Erziehung: 🐾🐾
Stadt: 🐾🐾
Familie: 🐾🐾🐾
Pflege: 🐾
Beschäftigung: 🐾🐾🐾🐾

Charakter: Ein triebhafter, temperamentvoller, eleganter Hund mit angeborener Schärfe und Schutzbereitschaft. Er ist hochsensibel und je nach Güte der Zucht auch oft übernervös. Er ist ein typischer Einmann-Hund und fast immer das Spiegelbild seines Herrn.

Haltung: Er gehört zu den Dienst- und Gebrauchshunderassen und muss in konsequente Hände. Er braucht gezielte Ausbildung ohne Zwang und ist nichts für Menschen, die sich über ihr eigenes Ego nicht im Klaren sind.

Gesundheit: HD, gelegentlich Hautprobleme, Herzprobleme, Wobbler-Syndrom (Bewegungs-, Koordinationsstörung).

Geeignet für: Fortgeschrittene

KURZ-INFO FCI-Gruppe 2/Nr. 143: *Pinscher und Schnauzer, Molossoide, Schweizer Sennenhunde* **Ursprungsland:** *Deutschland* **Größe:** *R 68–72 cm, H 63–68 cm* **Gewicht:** *30–40 kg* **Fell:** *kurz, hart und dicht, eng anliegend, glänzend* **Farbe:** *schwarz und dunkelbraun mit rotbraunen Abzeichen* **Lebenserwartung:** *etwa 10 Jahre* **Welpenpreis:** *ca. 800 Euro*

Dogo Argentino

Verwendung: Aus einer Mischung verschiedener spanischer Doggen, dem Bullterrier und dem Pointer begann man um das Jahr 1900 den Dogo Argentino gezielt rein zu züchten. Sehr bald stellte sich aber heraus, dass der Dogo, der als reiner Jagdhund auf Puma, Jaguar und Wildschwein gedacht war, auch als Gebrauchshund bei der Polizei und Armee eingesetzt werden kann. Die Rasse wurde 1973 von der FCI als bisher einzige argentinische Hunderasse anerkannt.

Erziehung: 🐾🐾
Stadt: 🐾🐾🐾🐾
Familie: 🐾🐾🐾🐾
Pflege: 🐾
Beschäftigung: 🐾🐾🐾🐾🐾

Charakter: Er hat sehr gute Wach- und Schutzeigenschaften und ist sehr mutig. Bei frühzeitiger konsequenter Erziehung wird er durchaus führig und anpassungsfähig.

Haltung: Sollen sich dem Leben im Haus sehr gut anpassen, brauchen aber einen Herrn mit sehr viel Hundeerfahrung.

Gesundheit: Taubheit, HD, Spaltrachen.

Geeignet für: Fortgeschrittene.

KURZ-INFO **FCI-Gruppe 2/Nr. 292:** *Pinscher und Schnauzer, Molossoide, Schweizer Sennenhunde* **Ursprungsland:** *Argentinien* **Größe:** *R 62–68 cm, H 60–65 cm* **Gewicht:** *38–50 kg* **Fell:** *kurzes Deckhaar ohne Unterwolle* **Farbe:** *reinweiß, dunkler Fleck am Kopf gestattet, schwarze Nase* **Lebenserwartung:** *10–12 Jahre* **Welpenpreis:** *ca. 1500 Euro*

English Bulldog

auch: *Bulldog*

Erziehung: 🐾 🐾 🐾 🐾
Stadt: 🐾
Familie: 🐾
Pflege: 🐾 🐾
Beschäftigung: 🐾 🐾

Verwendung: Bis zum Verbot der Tierkämpfe im Jahr 1835 war der Bulldog der »ideale« Bullenbeißer: gedrungen, niederläufig, sehr kräftig im Nacken- und Kieferbereich. Der Unterkiefer ist bedeutend länger als der Oberkiefer, die Nase ist sehr weit zurückgezüchtet, damit der Hund, wenn er sich am Bullen festgebissen hatte, noch atmen konnte.

Charakter: Heute ein freundlicher, anhänglicher Hund, der seine Familie liebt und liebevoll mit Kindern umgeht. Für Leute mit absolutem Gehorsamstick nicht der richtige Hund.

Haltung: Liebt gemütliche Spaziergänge. Im Haus muss man sein Schnarchen ertragen, wenn man ihn mag. Da er sowieso schlecht Luft bekommt, verträgt er Hitze besonders schlecht.

Gesundheit: U. a. Spaltrachen, Swimmer-Syndrom (Welpen spreizen die Beine waagerecht vom Körper ab), HD, Vorderhandlahmheit, Hauterkrankungen, Nasenverengung.

Geeignet für: Anfänger

KURZ-INFO **FCI-Gruppe 2/Nr. 149:** *Pinscher und Schnauzer, Molossoide, Schweizer Sennenhunde* **Ursprungsland:** *Großbritannien* **Größe:** *30–35 cm* **Gewicht:** *23–25 kg* **Fell:** *kurz, fein, glänzend* **Farbe:** *alle Farben außer schwarz und lohfarben* **Lebenserwartung:** *8–10 Jahre* **Welpenpreis:** *ca. 1300 Euro*

English Foxhound

Verwendung: Er war schon immer der klassische Meutejagdhund der Briten, die ihn bereits im 6. Jahrhundert in großen Meuten zur Hetzjagd benutzten. Die Rasse wurde nie auf Schönheit, sondern immer nur auf Leistung gezüchtet, und darüber wurden schon sehr lange Zuchtnachweise geführt.

Erziehung: 🐾🐾🐾🐾
Stadt: nein
Familie: 🐾🐾🐾🐾🐾
Pflege: 🐾
Beschäftigung: 🐾🐾🐾🐾🐾

Charakter: Sie sind temperamentvoll, liebevoll, kinderverträglich, anschmiegsam und verträglich mit anderen Hunden.

Haltung: Trotz dieser Eigenschaften sind diese Vollblutjagdhunde als Haushunde nicht geeignet, weil sie nur in Mehrfachhaltung im Zwinger und in der Meute zufrieden sind. Nur in Ausnahmefällen und unter besonderen Voraussetzungen werden einzelne Hunde im Haus gehalten.

Gesundheit: Diese Rasse ist weitgehend frei von erblichen Problemen. Thrombozytopathie (Bluterkrankung) tritt nur bei Foxhounds auf.

Geeignet für: Spezialisten (Besitzer einer Meute)

KURZ-INFO **FCI-Gruppe 6/Nr. 159:** *Lauf- und Schweißhunde* **Ursprungsland:** *Großbritannien* **Größe:** *58–64 cm* **Gewicht:** *22–28 kg* **Fell:** *kurz, dicht, hart, leuchtend* **Farbe:** *alle Laufhundfarben* **Lebenserwartung:** *etwa 10–12 Jahre* **Welpenpreis:** *ca. 500 Euro*

English Setter

Verwendung: Pointer und alte Spaniel-Schläge hat dieser wunderschöne Setter als Vorfahren. Suchen, Finden und Vorstehen sind seine Spezialitäten. Der schnellste der Setter-Rassen.

Erziehung:	🐾🐾
Stadt:	nein
Familie:	🐾🐾
Pflege:	🐾🐾🐾🐾🐾
Beschäftigung:	🐾🐾🐾🐾🐾

Charakter: Er ist sanft, liebevoll, auch geduldig mit Kindern. Gute Verträglichkeit mit anderen Tieren. Er selbst braucht sehr viel Liebe und Zuwendung. Lange allein bleiben mag er nicht. Da er teilweise auch dickköpfig sein kann, muss er konsequent erzogen werden. Eine harte Hand verträgt er jedoch nicht.

Haltung: Außerhalb des Hauses vergisst dieser Hund seine guten Haushundeigenschaften und will seine Jagdpassion voll und ganz ausleben. In dieser Hinsicht braucht er viel sinnvolle Beschäftigung.

Gesundheit: HD, Progressive Retinaatrophie, erbliche Taubheit, Hautprobleme; Krebs als häufigste Todesursache.

Geeignet für: Fortgeschrittene

KURZ-INFO FCI-Gruppe 7/Nr. 2: *Vorstehhunde* **Ursprungsland:** *Großbritannien* **Größe:** *R 63–68 cm, H 61–65 cm* **Gewicht:** *20–30 kg* **Fell:** *leicht gewellt, lang und seidig* **Farbe:** *weiß mit gleichmäßig verteilten gelben, orangefarbenen, braunen oder schwarzen Tupfen, dreifarbig* **Lebenserwartung:** *bis 14 Jahre* **Welpenpreis:** *ca. 700 Euro*

English Springer Spaniel

Verwendung: Einer der ältesten englischen Stöberhunde, der schon vor Hunderten von Jahren die Vögel in die Netze trieb. Er wird heute noch in Arbeitslinien und als reiner Schauhund gezüchtet. Als hervorragender Jagdhund sucht, stöbert und drückt er das Wild heraus und apportiert sauber nach dem Schuss. Von dieser Rasse stammen alle Jagdspaniels ab.

Erziehung: 🐾
Stadt: 🐾 🐾 🐾
Familie: 🐾
Pflege: 🐾 🐾 🐾
Beschäftigung: 🐾 🐾 🐾

Charakter: Als Wohnungshund ist er anhänglich, gutmütig und ehrlich. Ein fröhlicher Spielkamerad für die Kinder. Er liebt das Wasser und möchte fast den ganzen Tag apportieren.

Haltung: Er braucht lange Spaziergänge, auf denen er von seinem Menschen mit Gehorsamsübungen und spielerisch beschäftigt werden muss. Er braucht Menschen mit Fantasie.

Gesundheit: Augenprobleme. Regelmäßige Ohrenpflege ist notwendig.

Geeignet für: Anfänger

KURZ-INFO **FCI-Gruppe 8/Nr. 125:** *Apportier-, Stöber- und Wasserhunde* **Ursprungsland:** *Großbritannien* **Größe:** *ca. 50 cm* **Gewicht:** *22–24 kg* **Fell:** *mittellang, dicht, glatt, wasser- und wetterfest, seidig glänzend* **Farbe:** *schwarz-weiß, braun-weiß, rotbraun-weiß* **Lebenserwartung:** *bis 15 Jahre* **Welpenpreis:** *ca. 900 Euro*

Entlebucher Sennenhund

Verwendung: Zwei Luzerner Täler, das der Entlen und der kleinen Emme, sind die engere Heimat des Entlebuchers. Er hat sich bei den Schweizer Bauern als Hof- und Treibhund bewährt. 1924 war die Rasse fast ausgestorben und wurde durch das Verdienst von Dr. Kobler, einem Schweizer Züchter, in letzter Minute gerettet.

Erziehung: 🐾🐾
Stadt: 🐾🐾🐾
Familie: 🐾🐾🐾
Pflege: 🐾
Beschäftigung: 🐾🐾🐾🐾

Charakter: Er ist aufmerksam, ortstreu, wachsam, unerschrocken und lernt schnell. Wenn er mit Kindern aufgewachsen ist, behütet er sie geduldig und zuverlässig.

Haltung: Ein sehr aktiver Hund, der beschäftigt werden will. Er eignet sich gut für Agility oder Turnierhundesport, allerdings nur für Menschen, die sich selbst in der Hand haben. Bewegung in Verbindung mit Beschäftigung ist für sein Wohlbefinden äußerst wichtig.

Gesundheit: Keine häufigen Krankheiten.

Geeignet für: Anfänger

KURZ-INFO FCI-Gruppe 2/Nr. 47: *Pinscher und Schnauzer, Molossoide, Schweizer Sennenhunde* **Ursprungsland:** *Schweiz* **Größe:** *40–50 cm* **Gewicht:** *25–30 kg* **Fell:** *kurz, dicht, anliegend, hart und glänzend* **Farbe:** *schwarz mit gelb- bis rostbraunen und weißen Abzeichen* **Lebenserwartung:** *12–14 Jahre und darüber* **Welpenpreis:** *ca. 900 Euro*

Epagneul Breton

auch: *Bretonischer Vorstehhund*

Verwendung: Der Bretonische Spaniel, wie er auch genannt wird, entstand durch Einkreuzung des Laverack Setters (English Setter, → Seite 102) in mittelalterliche Vogelhunde. Er bringt eine hervorragende Nasenleistung und steht sicher vor. Er ist ein klassischer Vorstehhund und ein zuverlässiger, auch wasserfreudiger Verlorenbringer.

Erziehung: 🐾
Stadt: 🐾 🐾 🐾 🐾
Familie: 🐾
Pflege: 🐾 🐾
Beschäftigung: 🐾 🐾 🐾 🐾 🐾

Charakter: Der kleine handliche Vorstehhund ist sehr führig, sanft und manchmal auch sensibel. Sehr talentiert.

Haltung: Er passt sich auch der Familie und den Kindern hervorragend an, sollte aber nicht als Familienhund ohne Jagdverwendung gehalten werden. Er ist kein Stubenhocker, sondern ein Hund für das Leben im Freien und für besonders abwechslungsreiche Aktivitäten.

Gesundheit: Bisweilen HD, ansonsten gesund.

Geeignet für: Nur für Jäger

KURZ-INFO FCI-Gruppe 7/Nr. 95: *Vorstehhunde*
Ursprungsland: *Frankreich* **Größe:** *R 48–50 cm, H 47–49 cm*
Gewicht: *ca. 20 kg* **Fell:** *dicht, flach oder gewellt, fein, aber weder drahtig noch seidig* **Farbe:** *weiß-orange, weiß-schwarz, weiß-braun, dreifarbig* **Lebenserwartung:** *12–14 Jahre* **Welpenpreis:** *ca. 500 Euro*

Eurasier

Verwendung: Der Eurasier wurde gezielt von Julius Wipfel als umgänglicher und gesunder Haushund gezüchtet. Er entstand aus Chow Chow, Wolfsspitz und Samojede. Die Rasse wurde aber erst 1973 als Eurasier benannt und offiziell anerkannt.

Erziehung: 🐾🐾🐾
Stadt: 🐾
Familie: 🐾
Pflege: 🐾🐾🐾
Beschäftigung: 🐾🐾🐾

Charakter: Er besitzt ein ausgeprägtes Sozialverhalten. Angenehm und ruhig, kann er aber auch eigensinnig sein. Sehr anhänglich und feinfühlig, ist er ein wachsamer Begleiter, ohne aggressiv zu sein. Mit Fremden ist er anfangs zurückhaltend.

Haltung: Er will überall mit dabei sein, braucht aber nicht besonders viel Auslauf. Manchmal täuscht er sportliches Interesse vor, will aber nicht unbedingt gewinnen. Beim Freilauf schlägt teilweise der Jagdeifer des Samojeden durch. Mit Konsequenz und Liebe ist er leicht steuerbar.

Gesundheit: Keine häufigen Erkrankungen.

Geeignet für: Anfänger

KURZ-INFO FCI-Gruppe 5/Nr. 291: *Spitze und Hunde vom Urtyp* **Ursprungsland:** *Deutschland* **Größe:** *48–60 cm* **Gewicht:** *18–32 kg* **Fell:** *üppig, mittellang, lose anliegend, mit dichter Unterwolle* **Farbe:** *alle außer weiß, weiß gescheckt oder leberfarbig* **Lebenserwartung:** *bis 15 Jahre* **Welpenpreis:** *ca. 800 Euro*

Field Spaniel

Verwendung: Einer der seltenen Spaniels, der mit vielen Rassen gekreuzt und immer wieder modisch verändert wurde. Zunächst galt er als Varietät des Cocker Spaniels (→ Seite 79). Vorher war er ein guter Jagdhund für unübersichtliches Gelände. Etwa 1945 war die Rasse fast ausgestorben. Durch Einkreuzung von Cocker und Springer Spaniels entstand ein netter Familienhund. Sein Gebäude ist sehr harmonisch und er wirkt nicht überladen.

Erziehung: 🐾🐾🐾
Stadt: 🐾🐾🐾🐾
Familie: 🐾🐾
Pflege: 🐾
Beschäftigung: 🐾🐾🐾🐾🐾

Charakter: Er ist ein ruhiger, sanftmütiger Hund. Da er allerdings etwas eigensinniger als die anderen Spaniel-Rassen ist, braucht er eine geduldige, aber konsequente Erziehung.

Haltung: Da er nicht so auffallend wie die anderen Spaniel-Rassen ist, ist er bei uns weitgehend unbekannt.

Gesundheit: Manchmal HD. Auf Betäubungsmittel reagiert er angeblich empfindlich.

Geeignet für: Anfänger

KURZ-INFO **FCI-Gruppe 8/Nr. 123:** *Apportier-, Stöber- und Wasserhunde* **Ursprungsland:** *Großbritannien* **Größe:** *46 cm* **Gewicht:** *16–22,5 kg* **Fell:** *relativ lang, reich befedert, dicht, seidig glänzend* **Farbe:** *einfarbig schwarz, leberbraun oder schimmelfarben mit oder ohne Brand* **Lebenserwartung:** *10–12 Jahre* **Welpenpreis:** *bis 1000 Euro*

Finnenspitz

auch: *Suomenpystykorva*

Verwendung: In seiner Heimat wird der Nationalhund Finnlands bei der Jagd auf Birk- und Auerwild verwendet. Seine Vorfahren dürften die russischen Laiki sein (→ Seite 219). Sie sind im Aussehen und im Jagdverhalten fast identisch.

Charakter: Er ist sehr selbstständig und gelehrig, aber nicht unterwürfig. Sein Gehorsam lässt gelegentlich zu wünschen übrig. Er ist wachsam, ohne aggressiv zu sein. Sein Bellen kann manchmal nerven. Mit Kindern hat er Geduld.

Haltung: Er braucht viel Bewegung in Verbindung mit Beschäftigung. Als witterungsunempfindliche Rasse liebt er den Aufenthalt im Freien, will aber auch zusammen mit seinen Menschen sein.

Gesundheit: Keine häufigen Krankheiten bekannt.

Geeignet für: Fortgeschrittene

Erziehung:	🐾🐾🐾
Stadt:	nein
Familie:	🐾🐾
Pflege:	🐾🐾
Beschäftigung:	🐾🐾🐾🐾

KURZ-INFO FCI-Gruppe 5/Nr. 49: *Spitze und Hunde vom Urtyp* **Ursprungsland:** *Finnland* **Größe:** *44–50 cm* **Gewicht:** *etwa 20 kg* **Fell:** *doppeltes Haarkleid, Deckhaar lang und hart mit geraden Haaren, besonders üppig im Nackenbereich, auf dem Rücken und im Bereich der Hosen* **Farbe:** *rotbraun, gelbbraun, weiße Abzeichen an Brust oder Pfoten sind erlaubt* **Lebenserwartung:** *über 10 Jahre* **Welpenpreis:** *ca. 500 Euro*

Flat-Coated Retriever

Verwendung: Zum Ende des 19. Jahrhunderts, als viele unserer Hunderassen erst entstanden oder man begann, sie rein zu züchten, entstand auch der Flat-Coated Retriever. Der Züchter Mr. Shirley mixte ihn aus Labrador Retriever, Setter, Collie und wahrscheinlich Neufundländer. Der Flat-Coated war ein Apportierer zu Wasser und zu Lande. Bei den Jägern spielt er heute allerdings nicht mehr die große Rolle.

Erziehung: 🐾
Stadt: 🐾🐾🐾🐾🐾
Familie: 🐾
Pflege: 🐾
Beschäftigung: 🐾🐾🐾🐾🐾

Charakter: Er ist ein führiger, anhänglicher Familienhund mit Freude am Spiel mit Kindern. Leicht erziehbar und freundlich zu allen Menschen, daher auch kein Wach- oder Schutzhund.

Haltung: Der temperamentvolle, liebenswerte Hund braucht sehr viel Beschäftigung, die mit Bewegung verbunden ist. Er will auch dabei seine Intelligenz zeigen. Für Agility oder Turnierhundesport ist er noch ein Geheimtipp.

Gesundheit: HD selten, Kniescheibenluxation.

Geeignet für: Anfänger

KURZ-INFO **FCI-Gruppe 8/Nr. 121:** *Apportier-, Stöber- und Wasserhunde* **Ursprungsland:** *Großbritannien* **Größe:** *ca. 60 cm* **Gewicht:** *30–35 kg* **Fell:** *lang, glatt, dicht, fein* **Farbe:** *schwarz oder leberbraun* **Lebenserwartung:** *ca. 10 Jahre, aber auch mehr* **Welpenpreis:** *ca. 800 Euro*

Foxterrier Drahthaar

Verwendung: Der Fuchs ist in England wie auch in Schottland der Feind Nr. 1 der Schäfer. Sie jagen den Lämmerdieb mit ihren mutigen und harten Terriern aus seinen Verstecken und erlegen ihn. Daher der Name der Rasse: Foxterrier. Anfang des letzten Jahrhunderts kam der Drahthaar Fox als Begleithund sehr in Mode. Das Schicksal der Massenzucht ist ihm jedoch erspart geblieben.

Erziehung:	🐾🐾🐾
Stadt:	🐾🐾🐾
Familie:	🐾
Pflege:	🐾🐾🐾🐾🐾
Beschäftigung:	🐾🐾🐾🐾

Charakter: Der Drahthaar ist selbstbewusst, unternehmungslustig, gelehrig und wachsam.

Haltung: Wegen seiner Härte und immer noch ausgeprägten Jagdpassion braucht er eine konsequente Hand und frühzeitige Erziehung. Eignet sich sehr gut für Hundesport. Zur richtigen Pflege (Trimmen) ist regelmäßig ein Fachmann nötig.

Gesundheit: Augen- und Knochenerkrankungen, Taubheit, Kropfbildung.

Geeignet für: Fortgeschrittene

KURZ-INFO **FCI-Gruppe 3/Nr. 169:** *Terrier* **Ursprungsland:** *Großbritannien* **Größe:** *39 cm* **Gewicht:** *ca. 8 kg* **Fell:** *Drahthaar (Wire), dicht, hart, gekräuselt* **Farbe:** *Grundfarbe dominierendes Weiß, mit lohfarbenen, schwarzen oder schwarz-lohfarbenen Abzeichen an Kopf, Körper und Rutenansatz* **Lebenserwartung:** *12 Jahre und mehr* **Welpenpreis:** *ca. 800 Euro*

Foxterrier Glatthaar

Verwendung: Obwohl sich der draht-haarige vom glatthaarigen Foxterrier fast nur im Fell unterscheidet, werden sie von den Kynologen als zwei verschiedene Rassen anerkannt. Während der Drahthaar zu seiner endgültigen Schönheit erst mühsam von Spezialisten zurechtgerupft (getrimmt) werden muss, zeigt sich der Glatthaar von Natur aus in seiner athletischen Schönheit.

Erziehung: 🐾🐾🐾
Stadt: 🐾🐾🐾
Familie: 🐾🐾
Pflege: 🐾
Beschäftigung: 🐾🐾🐾🐾🐾

Charakter: Der Glatthaar ist im Vergleich zu seinem drahthaarigen Bruder in vielem noch ein bisschen mehr: noch härter, unternehmungslustiger, selbstbewusster. Wie der Drahthaar geht er keiner Rauferei aus dem Weg.

Haltung: Er braucht entweder viel Jagd oder noch mehr Hundesport, wobei einmaliges Training pro Woche bei weitem nicht reicht. Wird er auch noch konsequent erzogen und geführt, gehört er zu den »Edelsteinen« der Hunderassen.

Gesundheit: Kaum Probleme, vereinzelt Augenerkrankungen.

Geeignet für: Fortgeschrittene

KURZ-INFO **FCI-Gruppe 3/Nr. 12:** *Terrier* **Ursprungsland:** *Großbritannien* **Größe:** *39 cm* **Gewicht:** *ca. 8 kg* **Fell:** *Glatthaar (Smooth), gerade, dicht, kurz, wasserfest, weiche Unterwolle* **Farbe:** *weiß, weiß-loh, schwarz-loh* **Lebenserwartung:** *über 12 Jahre* **Welpenpreis:** *ca. 800 Euro*

Französische Bulldogge

auch: *Bouledogue français*

Verwendung: Aus englischen Zwergbulldoggen englischer Aussiedler schuf man in Frankreich durch Einkreuzen von Griffon und Terrier die Französische Bulldogge. Sie war zunächst der Hund des Volkes und nicht des Adels.

Charakter: Sie ist leichtführig, anschmiegsam, zärtlich, immer lustig und anspruchslos. Sie braucht engen Kontakt zum Menschen und genießt es, im Mittelpunkt zu stehen.

Haltung: Sie braucht keine großen Spaziergänge, möchte aber gern überall dabei sein.

Gesundheit: Gehört wegen einer Reihe anatomischer Verzüchtungen zu den Rassen, die auf Grund eines sinnlosen Zuchtstandards einiges erleiden müssen: Natürliche Geburten sind praktisch unmöglich (zu schmales Becken, zu große Welpenköpfe). Wegen der zu kurzen Nase röcheln und schnarchen sie. Zudem sind sie hitzeempfindlich und kurzatmig.

Geeignet für: Anfänger

Erziehung: 🐾
Stadt: 🐾
Familie: 🐾
Pflege: 🐾
Beschäftigung: 🐾 🐾

KURZ-INFO FCI-Gruppe 9/Nr. 101: *Gesellschafts- und Begleithunde* **Ursprungsland:** *Frankreich* **Größe:** *30 cm* **Gewicht:** *6–12 kg* **Fell:** *kurz, weich, glänzend* **Farbe:** *falbfarben oder fauve, gestromt oder weiß mit gestromten Platten* **Lebenserwartung:** *12 Jahre und mehr* **Welpenpreis:** *ca. 900 Euro*

Golden Retriever

Verwendung: Der Züchter des Golden Retrievers war Lord Tweedmouth. Er verwendete 1868 einen gelben Labrador, einen Tweed-Water-Spaniel, einen Irish Setter und einen sandfarbenen Bloodhound als Ausgangsrassen für den Goldie. Im Jahr 1913 wurde der Golden Retriever als Rasse anerkannt.

Erziehung: 🐾
Stadt: 🐾 🐾 🐾 🐾
Familie: 🐾
Pflege: 🐾 🐾 🐾
Beschäftigung: 🐾 🐾 🐾 🐾 🐾

Charakter: Er ist ein großer Kinderfreund. Leicht zu erziehen und friedlich, auch zu anderen Tieren im Haushalt. Er ist kein Einmann-, sondern ein sehr anpassungsfähiger Familienhund.

Haltung: Leidenschaftlicher Schwimmer und Apportierer, ein Hund für draußen, der viel Beschäftigung und Bewegung braucht. Für Hundesport sehr gut geeignet. Als Modehund ist er durch Massenzucht geschädigt worden. Daher Welpen nur bei anerkannten Züchtern nach sorgfältiger Auswahl kaufen.

Gesundheit: HD, Augenprobleme, PRA, Epilepsie.

Geeignet für: Anfänger

KURZ-INFO **FCI-Gruppe 8/Nr. 111:** *Apportier-, Stöber- und Wasserhunde* **Ursprungsland:** *Großbritannien* **Größe:** *R 56–61 cm, H 51–56 cm* **Gewicht:** *R 32–37 kg, H 27–32 kg* **Fell:** *glattes oder leicht gewelltes Deckhaar mit Fransen und wasserdichter Unterwolle* **Farbe:** *alle Goldtöne oder weizenblond* **Lebenserwartung:** *12–15 Jahre* **Welpenpreis:** *800–1200 Euro*

Gordon Setter

Verwendung: Der Gordon Setter, der schwerste unter den Setterrassen, entstand zum Ende des 18. Jahrhunderts im Zwinger des Duke of Gordon. Er eignete sich besonders für die Jagd im rauen Gelände, weil er kräftiger und ausdauernder als die anderen Setterrassen war. Er spürte ruhig und ohne Hektik das Wild auf, welches er sitzend (daher der Name »Setter«) anzeigte, bis der Jäger nachkam.

Charakter: Ein selbstbewusster Spätentwickler mit enormem Jagdtrieb, der auch das Wasser liebt. Seine Eigenwilligkeit verlangt eine frühzeitige und konsequente Erziehung sowie eine gute Ausbildung.

Haltung: Der Gordon Setter ist eher ein Einmann-Hund, eignet sich aber bei konsequenter Haltung auch für die Familie, wobei er jedoch viel Beschäftigung (sportlich) und damit verbundene Bewegung voraussetzt.

Gesundheit: Selten HD, PRA, Schilddrüsenstörungen.

Geeignet für: Fortgeschrittene

Erziehung: 🐾🐾
Stadt: 🐾🐾🐾🐾🐾
Familie: 🐾🐾🐾🐾
Pflege: 🐾🐾🐾
Beschäftigung: 🐾🐾🐾🐾

KURZ-INFO **FCI-Gruppe 7/Nr. 6:** *Vorstehhunde* **Ursprungsland:** *Großbritannien* **Größe:** *R 66 cm, H 62 cm* **Gewicht:** *R 25–36 kg, H 20–31 kg* **Fell:** *lang, seidig* **Farbe:** *tiefschwarz mit kastanienfarbigem Brand, kleiner weißer Brustfleck ist erlaubt* **Lebenserwartung:** *über 10 Jahre* **Welpenpreis:** *ca. 800 Euro*

Gos d'Atura Catalá

auch: *Katalonischer Schäferhund*
und *Perro de Pastor Catalan*

Erziehung: 🐾
Stadt: 🐾 🐾 🐾
Familie: 🐾 🐾
Pflege: 🐾 🐾 🐾
Beschäftigung: 🐾 🐾 🐾 🐾 🐾

Verwendung: Seit Jahrhunderten werden die Hunde schon von den Bergbauern als Hütehunde genutzt. Die Entstehungszeit der Rasse liegt im 18. Jahrhundert. Da sie nie auf Schönheit, sondern bis auf den heutigen Tag immer nur auf Leistung gezüchtet wurden, existieren von den Hunden verschiedene Typen. Sehr selten gibt es noch eine kurzhaarige Form.

Charakter: Wie alle Hütehunde sind sie gelehrig und umgänglich, wachsam und Fremden gegenüber eher misstrauisch. Rüden können sehr eigenwillig sein.

Haltung: Da sehr witterungsunempfindlich, verbringt er seine Zeit lieber außerhalb des Hauses, will aber immer auch bei seinen Menschen sein. Sehr lauffreudig, brauchen sie sportliche Menschen, die ihnen viel Bewegung bieten.

Gesundheit: Keine häufigen Krankheiten.

Geeignet für: Anfänger

KURZ-INFO **FCI-Gruppe 1/Nr. 87:** Hüte- und Treibhunde
Ursprungsland: Spanien *Größe:* 45–55 cm *Gewicht:* ca. 20 kg
Fell: harsch, mittellang, mit Unterwolle *Farbe:* braun, sandfarben, grau und schwarz mit hellen Abzeichen *Lebenserwartung:* über 10 Jahre *Welpenpreis:* ca. 600 Euro

Greyhound

Verwendung: Diese uralte Hunderasse strahlt aristokratisches Auftreten und Schnelligkeit aus. Kaiser und Könige haben sich mit diesen Hunden geschmückt. Heute werden sie in einer grausamen Renn-Industrie vermarktet, die mit dem Tod dieser Hunde endet, wenn sie die Spitzenleistung nicht mehr bringen.

Erziehung: 🐾🐾
Stadt: nein
Familie: 🐾🐾
Pflege: 🐾
Beschäftigung: 🐾🐾🐾🐾

Charakter: Greyhounds sind liebevolle, ruhige, anpassungsfähige Hausgenossen. Sie sind freundlich und drängen sich nicht auf. »Ausgemusterte« Rennhunde haben meist in Bezug auf Sozialisierung viel nachzuholen.

Haltung: Ein großes, gut abgesichertes Grundstück ist notwendig, weil der Greyhound wegen seiner extremen Jagdleidenschaft nur in sicherem Gelände rennen darf. Die Beschäftigung in einem guten Renn- oder Coursingverein ist unbedingt empfehlenswert.

Gesundheit: Keine häufigen Krankheiten.

Geeignet für: Fortgeschrittene

KURZ-INFO FCI-Gruppe 10/Nr. 158: *Windhunde*
Ursprungsland: *Großbritannien* **Größe:** *R 71–78 cm, H 68,5–71 cm* **Gewicht:** *25–30 kg* **Fell:** *kurz, glatt, anliegend* **Farbe:** *alle Farben mit oder ohne weiße Abzeichen* **Lebenserwartung:** *etwa 10 Jahre* **Welpenpreis:** *ca. 900 Euro*

Groenendael

auch: *Belgischer Schäferhund*

Erziehung:	🐾
Stadt:	🐾🐾🐾
Familie:	🐾
Pflege:	🐾🐾🐾
Beschäftigung:	🐾🐾🐾🐾

Verwendung: Er ist der schwarze aus der Gruppe belgischer Schäferhunde, die ab 1891 durch Professor Reul in der Reinzucht gefördert wurden. Es waren mittelgroße, ausdauernde, selbstständig arbeitende Schäferhunde mit Schutztrieb, die sich in den einzelnen Landstrichen verschieden entwickelten und seither rein gezüchtet werden. Nicholas Rose hat sich um die Zucht verdient gemacht.

Charakter: Leichtführig, arbeitsfreudig. Zuverlässig im Umgang mit Kindern und als Familienhund sehr angenehm. Wachsam, ohne aggressiv zu sein. Frühzeitige konsequente Erziehung ist notwendig.

Haltung: Der Groenendael braucht Beschäftigung und Aufgaben, die auch seine Intelligenz fordern. Für Turnierhundesport oder Agility ist er gut geeignet.

Gesundheit: Keine häufigen Krankheiten.

Geeignet für: Anfänger

KURZ-INFO *FCI-Gruppe 1/Nr. 15: Hüte- und Treibhunde* **Ursprungsland:** *Belgien* **Größe:** *R ca. 62 cm, H 58 cm* **Gewicht:** *R 27–32 kg, H 22,5–25 kg* **Fell:** *lang, glatt, doppelt* **Farbe:** *schwarz* **Lebenserwartung:** *12–14 Jahre* **Welpenpreis:** *ca. 800 Euro*

Großer Japanischer Hund

auch: *Great Japanese Dog,* vormals *Amerikanischer Akita Inu*

Verwendung: 1937 bekam die blinde amerikanische Schriftstellerin Helen Keller zwei Akita Inu geschenkt. Das imposante Aussehen wurde in Amerika züchterisch noch verstärkt. 1999 benannte die FCI den amerikanischen Akita in Großen Japanischen Hund um.

Erziehung: 🐾🐾🐾
Stadt: 🐾🐾
Familie: 🐾🐾
Pflege: 🐾🐾
Beschäftigung: 🐾🐾

Charakter: Ein stolzer, selbstbewusster, dominanter Hund, der am besten einzeln gehalten wird. In der Wohnung ruhig und unaufdringlich. Er bellt selten. Bei frühzeitiger konsequenter Erziehung ordnet er sich harmonisch in die Familie ein. Eigene Kinder toleriert er, Fremden gegenüber ist er reserviert.

Haltung: Er braucht unbedingt engen Familienanschluss und viel frische Luft, wobei es weniger auf viel sinnlose Bewegung ankommt. Zwingerhaltung würde ihn aggressiv machen.

Gesundheit: HD, PRA, Epilepsie, Autoimmunstörungen.

Geeignet für: Fortgeschrittene

KURZ-INFO FCI-Gruppe 2/Nr. 344: *Pinscher und Schnauzer, Molossoide, Schweizer Sennenhunde* **Ursprungsland:** *Japan* **Größe:** *R 65–70 cm, H 60–65 cm* **Gewicht:** *45–50 kg* **Fell:** *doppeltes, dichtes, etwas abstehendes Fell mit dichter Unterwolle* **Farbe:** *alle Farben einschließlich weiß, gestromt und gescheckt* **Lebenserwartung:** *10 Jahre und mehr* **Welpenpreis:** *1100 Euro*

Großer Münsterländer

Verwendung: Die mittelalterlichen Vogelhunde sind seine Vorfahren, und lange Zeit wurde er einfach als andersfarbiger Deutsch Langhaar aus dem Münsterland bezeichnet. Ab 1919 wurde er zielstrebig rein gezüchtet. Der Große Münsterländer ist ein sehr vielseitiger und hübscher Stöber-, Vorsteh- und Apportierhund.

Erziehung: 🐾
Stadt: nein
Familie: 🐾
Pflege: 🐾🐾
Beschäftigung: 🐾🐾🐾🐾🐾

Charakter: Manchmal sensibel und auch nervös. Ein arbeitsfreudiger Hund, der schnell lernt. Wenn er jagdmäßig ausgelastet ist, ist er ein ausgeglichener, liebevoller, führiger und besonders anhänglicher Familienhund. Er ist auch sehr wachsam und scharf gegen Raubzeug.

Haltung: Er gehört in die Hand des Jägers, da er jagdlich beschäftigt werden muss. Familienanschluss ist notwendig. Er sollte auch Gelegenheit zum Schwimmen haben.

Gesundheit: Wenig Gesundheitsprobleme.

Geeignet für: Fortgeschrittene

KURZ-INFO FCI-Gruppe 7/Nr. 118: *Vorstehhunde* Ursprungsland: *Deutschland* Größe: *R 61 cm, H 59 cm* Gewicht: *25–29 kg* Fell: *lang, dicht, gerade, am Kopf kurz und anliegend* Farbe: *weiß mit schwarzen Platten oder Tupfen oder schwarz geschimmelt, Kopf schwarz, evtl. weiße Blesse* Lebenserwartung: *10 Jahre und mehr* Welpenpreis: *ca. 600 Euro*

Großer Schweizer Sennenhund

Verwendung: Die Rasse stammt von den Molossoiden ab und ist der Vorfahre des Bernhardiners (→ Seite 57). Die Hunde dienten in der Schweiz als Hofhund und Viehtreiber der Bauern und Metzger und als Zughund der Hausierer. Ab 1908 wurde die Rasse gezielt rein gezüchtet.

Erziehung: 🐾
Stadt: nein
Familie: 🐾
Pflege: 🐾
Beschäftigung: 🐾 🐾 🐾

Charakter: Ein imposanter Hund mit angeborenem Schutztrieb. Fremden gegenüber etwas reserviert, bis er sie kennt. Allgemein freundlich, ausgeglichen, ruhig mit hoher Reizschwelle und gut zu erziehen. Neigt nicht zum Streunen.

Haltung: Er hat kein großes Laufbedürfnis, liebt aber gemütliche Spaziergänge, wo er mit seiner hervorragenden Nase »Zeitung lesen« kann. In der Wohnung braucht er genügend Platz, und auch der Garten sollte nicht nur Handtuchgröße haben. Spielerische Aufgaben für seine Intelligenz tun ihm gut.

Gesundheit: Auf HD und Gelenkprobleme achten.

Geeignet für: Fortgeschrittene

KURZ-INFO FCI-Gruppe 2/Nr. 58: *Pinscher und Schnauzer, Molossoide, Schweizer Sennenhunde* **Ursprungsland:** *Schweiz* **Größe:** *R 65–72 cm, H 60–68 cm* **Gewicht:** *ca. 40 kg* **Fell:** *kurz, dick, glänzend* **Farbe:** *schwarz mit braunrotem Brand und weißen Abzeichen* **Lebenserwartung:** *8–10 Jahre und darüber* **Welpenpreis:** *ca. 800 Euro*

Großpudel

auch: *Königspudel*

Verwendung: Eine uralte Hunderasse, über deren Entstehung man jedoch nicht viel weiß. Auf jeden Fall war der Pudel ein hervorragender Jagdhund speziell für die Wasserjagd. Aus ihm entstanden viele Jagd- und Hütehunde. Er wird in vier Größenklassen gezüchtet. Trotz eigenartiger Schuren, die vor allem auf Ausstellungen wichtig sind und gezeigt werden, ist der Pudel einer der beliebtesten Begleithunde unserer Zeit.

Charakter: Pudel lernen alles. Sie sind leicht erziehbar, umgänglich, aufgeschlossen und bei »normalen« Kindern lustige Spielkameraden. Sie sind wachsam, aber nicht bissig.

Haltung: Ein sehr lauffreudiger, robuster Hund, der immer mit dabei sein will. Er braucht engen Familienanschluss und ist für Hundesport (Turnierhundesport und Agility) gut geeignet. Pudel kennen keinen Haarwechsel.

Gesundheit: HD, Ohreninfektionen, Augenprobleme, PRA.

Geeignet für: Anfänger

Erziehung: 🐾
Stadt: 🐾
Familie: 🐾
Pflege: 🐾🐾🐾🐾🐾
Beschäftigung: 🐾🐾🐾🐾

KURZ-INFO **FCI-Gruppe 9/Nr. 172:** *Gesellschafts- und Begleithunde* **Größe:** *45–58 cm* **Gewicht:** *22 kg* **Fell:** *doppelt, üppig, wollig gekräuselt* **Farbe:** *schwarz, weiß, kastanienbraun, silber- und aprikosenfarben* **Lebenserwartung:** *10–14 Jahre* **Welpenpreis:** *ca. 900 Euro*

Harzer Fuchs

auch: *Siegerländer Fuchs*

Verwendung: Er steht stellvertretend für die beinahe ausgestorbenen altdeutschen Hütehunde. Fast nur noch in der ehemaligen DDR überlebten Reste durch staatliche Förderung. Seit 1989 hat es sich die Arbeitsgemeinschaft zur Zucht Altdeutscher Hütehunde zur Aufgabe gemacht, den Fortbestand dieser Rassen sicherzustellen. Weitere altdeutsche Hütehunde sind Schafpudel, Westerwälder Fuchs oder Kuhhund, Gelbbacke, Stumper, Strobel, Schwarzer Altdeutscher und Tiger.

Charakter: Wie alle Hütehunderassen anpassungsfähig, lernbegierig, familienbezogen, wachsam und ausdauernd.

Haltung: Der Harzer Fuchs eignet sich wie allgemein die Hütehunderassen als Begleit- und Familienhund, wenn er entsprechend sportlich beschäftigt wird und sein beruflicher Arbeitseifer so befriedigt wird.

Gesundheit: Ein erbgesunder Hund mit sehr gutem unverzüchtetem Wesen.

Geeignet für: Anfänger

Erziehung: 🐾
Stadt: 🐾🐾🐾🐾🐾
Familie: 🐾🐾🐾
Pflege: 🐾🐾
Beschäftigung: 🐾🐾🐾🐾

KURZ-INFO *FCI: nicht anerkannt* **Ursprungsland:** *Deutschland* **Größe:** *50–60 cm* **Gewicht:** *25–30 kg* **Fell:** *Stockhaar mit Unterwolle* **Farbe:** *rotbraun* **Lebenserwartung:** *12–14 Jahre* **Welpenpreis:** *ca. 600 Euro*

Havaneser

auch: *Bichon Havanais*

Erziehung:	🐾🐾
Stadt:	🐾🐾
Familie:	🐾🐾
Pflege:	🐾🐾🐾
Beschäftigung:	🐾🐾🐾

Verwendung: Er gehört zur Gruppe der Bichons und damit zu den ältesten Schoßhunden, die als Mumien schon in ägyptischen Pharaonengräbern gefunden wurden. Im Gebiet des westlichen Mittelmeers ist er am häufigsten verbreitet.

Charakter: Was seine Liebhaber an ihm so begeistert, ist seine welpenhafte Fröhlichkeit, die er bis ins hohe Alter bewahrt. Der Havaneser vollbringt die lustigsten Dinge, nur um im Mittelpunkt zu stehen. Sein Fell ist geruchlos und es unterliegt keinem Haarwechsel.

Haltung: Er eignet sich sowohl für Alleinstehende wie auch für Familien mit Kindern. Im Sommer sollte er Gelegenheit zum Schwimmen haben. Normale Spaziergänge genügen, aber das Erlernen von Tricks ist seine Leidenschaft.

Gesundheit: Häufige Krankheiten gibt es nicht.

Geeignet für: Anfänger

KURZ-INFO FCI-Gruppe 9/Nr. 250: *Gesellschafts- und Begleithunde* **Ursprungsland:** *westliches Mittelmeergebiet* **Größe:** *20–28 cm* **Gewicht:** *6 kg* **Fell:** *lang, seidig, leicht gewellt* **Farbe:** *weiß, champagner, grau, gold, jede Braunschattierung mit oder ohne weiße Flecken* **Lebenserwartung:** *14–16 Jahre* **Welpenpreis:** *ca. 1000 Euro*

Hovawart

Verwendung: Der »Hovewart« (Hof-
wächter) des Mittelalters hat mit dem
heutigen Hovawart nichts zu tun.
Erst um 1920 mischte Kurt F. König
verschiedene Bauern-, Hirten- und
Sennenhunde mit Neufundländern,
Deutschen Schäferhunden, Kuvasz und Leonbergern. 1937
wurde die Rasse anerkannt.

Erziehung: 🐾
Stadt: 🐾🐾🐾🐾🐾
Familie: 🐾
Pflege: 🐾🐾
Beschäftigung: 🐾🐾🐾🐾

Charakter: Zuverlässiger Wächter und Beschützer, kann auch
ohne Schutzhundeausbildung zwischen Gut und Böse unterscheiden. Er liebt seinen Herrn und seine Familie, braucht
aber frühzeitig eine konsequente, gewaltlose Erziehung.
Haltung: Familienanschluss, viel frische Luft in Verbindung
mit sinnvoller Beschäftigung sind nötig. Seine Freude an allzu
ehrgeizigen Turnierhundesport- oder Agility-Beschäftigungen
wird von manchen Besitzern oft überschätzt.
Gesundheit: Knorpeldefekte im Wachstum, Knieprobleme.
Geeignet für: Fortgeschrittene

KURZ-INFO FCI-Gruppe 2/Nr. 190: *Pinscher und Schnauzer,
Molossoide, Schweizer Sennenhunde* **Ursprungsland:**
Deutschland **Größe:** *R 63–70 cm, H 58–65 cm* **Gewicht:** *R 30–
40 kg, H 25–35 kg* **Fell:** *leicht gewelltes, fast derbes Langhaar*
Farbe: *blond, schwarz und schwarzmarkenfarben* **Lebenser-
wartung:** *10–12 Jahre und darüber* **Welpenpreis:** *800–900 Euro*

Irish Red Setter

auch: *Irish Setter*

Verwendung: Als der Setter in den 1970er-Jahren sehr in Mode war und nur noch auf Schönheit, hauptsächlich auf kräftiges Mahagonirot gezüchtet wurde, war er nervös, wesensschwach und hyperaktiv. Diese Zeit hat er jedoch positiv überstanden, wenngleich man immer noch auf gute Züchter achten muss.

Erziehung:	🐾🐾
Stadt:	nein
Familie:	🐾🐾
Pflege:	🐾🐾🐾
Beschäftigung:	🐾🐾🐾🐾🐾

Charakter: Immer noch ein Jagdgebrauchshund, der sich auch dementsprechend benimmt. Wird er richtig beschäftigt, ist er ausgeglichen, liebenswürdig, lernwillig und ohne Aggression.

Haltung: Wer den Setter einmal in voller Jagdaktion gesehen hat, der wird nicht auf die Idee kommen, ihn nur seiner Schönheit wegen zu halten und auf Ausstellungen zu zeigen. Auch mit Turnierhundesport oder Agility kann man einen richtigen Setter nicht voll befriedigen. Er gehört eigentlich in die Hand eines Jägers.

Gesundheit: HD, Skelett-/Augenprobleme, Wasserköpfigkeit.

Geeignet für: Fortgeschrittene

KURZ-INFO **FCI-Gruppe 7/Nr. 120:** *Vorstehhunde*
Ursprungsland: *Irland* **Größe:** *63–68 cm* **Gewicht:** *27–31 kg*
Fell: *lang, seidig* **Farbe:** *mahagonirot ohne schwarz* **Lebenserwartung:** *10–12 Jahre* **Welpenpreis:** *ca. 800 Euro*

Irish Soft Coated Wheaten Terrier

Verwendung: Der irische Alleskönner heißt übersetzt »weichhaariger, weizenfarbiger Terrier«. Die armen irischen Bauern schufen sich in ihm einen Hund, der alles in einer »Person« war: Hofhund, Hütehund und Jagdhund. Nebenbei jagte er Ratten und Mäuse und ernährte sich teilweise von ihnen.

Erziehung:	🐾
Stadt:	🐾🐾🐾🐾
Familie:	🐾
Pflege:	🐾🐾🐾🐾
Beschäftigung:	🐾🐾🐾🐾

Charakter: Diese Rasse ist erst wenige Jahre bei uns bekannt. Trotzdem werden seine vielseitigen und positiven häuslichen Qualitäten schon geschätzt: anhänglich, führig und menschenfreundlich. Temperamentvoll und verspielt. Geduldig mit Kindern und leicht erziehbar. Wäre er mit seinem Fell kein »Schmutzsammler«, wäre er fast ein Idealhund.

Haltung: Bei diesen vielen Fähigkeiten braucht er als Familienhund viel Beschäftigung und sinnvolle Bewegung als Arbeitsersatz. Auch als Sporthund steht er seinen Mann.

Gesundheit: Ein robuster, gesunder Hund.

Geeignet für: Anfänger

KURZ-INFO FCI-Gruppe 3/Nr. 40: *Terrier* **Ursprungsland:** *Irland* **Größe:** *46–48 cm* **Gewicht:** *15,75–18 kg* **Fell:** *lang und weichhaarig* **Farbe:** *jeder Farbton zwischen hellem Weizen und Rotgold* **Lebenserwartung:** *10–12 Jahre* **Welpenpreis:** *ca. 600 Euro*

Irish Terrier

Verwendung: Der Irish Terrier entwickelte sich bei harter Arbeit durch Selektion auf Leistung bei irischen Bauern und Jägern. Da er als Erdhund zu groß ist, diente er sicher zur Bekämpfung von verschiedenem Raubzeug. Auch Kaninchen und Dachs tötete er problemlos.

Erziehung: 🐾 🐾 🐾
Stadt: 🐾 🐾 🐾 🐾
Familie: 🐾 🐾 🐾
Pflege: 🐾 🐾 🐾
Beschäftigung: 🐾 🐾 🐾 🐾 🐾

Charakter: Es gibt nichts, wovor er sich fürchtet. Angst kennt er nicht. Das Raufen mit anderen Hunden ist sein Lebenselixier. Er ist eine starke Persönlichkeit, die eine harte, konsequente Hand braucht. Intelligent und sehr gelehrig. Zu seinen Menschen ist er zärtlich und hingebungsvoll.

Haltung: Dieser »Teufelskerl«, wie ihn die Iren nennen, muss unter absoluter Kontrolle gehalten werden. Als Ersatz für seine jagdliche Tätigkeit muss ihm eine gezielte Teilnahme im Hundesport geboten werden, wo er sich an Gehorsam gewöhnen und so richtig ausarbeiten kann. Regelmäßig trimmen.

Gesundheit: Harnsteinbildung, Ekzeme, Kahlstellen im Fell, Deformation der Pfotenballen.

Geeignet für: Fortgeschrittene

KURZ-INFO **FCI-Gruppe 3/Nr. 139:** *Terrier* **Ursprungsland:** *Irland* **Größe:** *46–48 cm* **Gewicht:** *ca. 12,5 kg* **Fell:** *hart, drahtig mit weicher Unterwolle* **Farbe:** *einfarbig rot* **Lebenserwartung:** *12–14 Jahre* **Welpenpreis:** *ca. 800 Euro*

Irish Water Spaniel

Verwendung: Er sieht eher dem Pudel ähnlich als dem Spaniel. Allein an seinem gekräuselten, Wasser abweisenden Fell erkennt man aber den Wasserhund. Seit 1850 wird er rein gezüchtet. Sumpfiges Gelände oder eiskaltes Meerwasser beeindrucken ihn bei der Jagd nicht.

Erziehung: 🐾🐾🐾
Stadt: nein
Familie: 🐾🐾🐾
Pflege: 🐾🐾🐾
Beschäftigung: 🐾🐾🐾🐾

Charakter: Wenn er frühzeitig konsequent erzogen wurde, ist er folgsam und führig. Auf Grund seines Misstrauens Fremden gegenüber ist er ein guter Wachhund, aber dadurch kein idealer Familienhund. Kindern gegenüber braucht er genügend Freiraum.

Haltung: Der kluge Irish Water Spaniel ist in Deutschland sehr selten und sollte beispielsweise wegen der Besonderheit seines Fells nicht ohne jagdliche Führung nur als Begleithund gehalten werden.

Gesundheit: Keine besonderen Erbkrankheiten.

Geeignet für: Fortgeschrittene

KURZ-INFO **FCI-Gruppe 8/Nr. 124:** *Apportier-, Stöber- und Wasserhunde* **Ursprungsland:** *Irland* **Größe:** *51–58 cm* **Gewicht:** *20–29 kg* **Fell:** *dichte, enge, krause Ringellöckchen an Körper, Hals und 10 cm rutenabwärts, nicht wollig, mit natürlichem Talggehalt; Gesicht und restliche Rute kurzhaarig* **Farbe:** *braun* **Lebenserwartung:** *ca. 12 Jahre* **Welpenpreis:** *800 Euro*

Irish Wolfhound

Verwendung: Der größte und stärkste aller Hunde wurde zur Elch- und Wolfsjagd verwendet, machte aber auch als Begleithund der irischen Stammesführer großen Eindruck. Aus wolfhoundblütigen Hunden, wie Deerhound, Deutscher Dogge und Barsoi, musste die Rasse ab 1860 wieder zurückgezüchtet werden, weil sie praktisch ausgestorben war.

Erziehung:	🐾🐾
Stadt:	nein
Familie:	🐾🐾🐾
Pflege:	🐾
Beschäftigung:	🐾🐾🐾🐾🐾

Charakter: Er wird auch der »sanfte Riese« genannt. Er ist im Haus ruhig und ausgeglichen und liebt seine Familie, die er immer um sich haben will. Er ist kein Schutzhund.

Haltung: Der Riese braucht viel Raum im Haus, auch der Garten muss groß sein und sicher eingezäunt. Er will ausgedehnte Spaziergänge und irgendwo einen sicheren Platz, wo er richtig Gas geben kann.

Gesundheit: HD, Knochen- und Gelenkprobleme, Herzkrankheiten, Magendrehung, erbliche Hinterhandlähmung.

Geeignet für: Fortgeschrittene

KURZ-INFO **FCI-Gruppe 10/Nr. 160:** *Windhunde*
Ursprungsland: *Irland* **Größe:** *R mind. 79 cm, H mind. 71 cm*
Gewicht: *R mind. 54 kg, H mind. 40,5 kg* **Fell:** *hart, rau, wetterfest* **Farbe:** *grau, gestromt, rot, schwarz, weiß, fahl* **Lebenserwartung:** *6–7 Jahre* **Welpenpreis:** *ca. 1000 Euro*

Italienisches Windspiel

auch: *Piccolo Levriero Italiano*

Erziehung:	🐾 🐾
Stadt:	🐾
Familie:	🐾 🐾
Pflege:	🐾
Beschäftigung:	🐾 🐾 🐾

Verwendung: In der heutigen Form gab es diese kleinsten Windhunde nachgewiesenermaßen schon in der Antike. Immer schon waren sie die Lieblinge der Könige und Kaiser, wie Friedrich dem Großen, Katharina der Großen oder Queen Viktoria. Wenn die Hunde aus guten Zuchten stammen, sind sie robuste und harte Jagd- und Rennhunde.

Charakter: Windspiele sind lebhaft und bewegen sich gern im Freien. Sie sind friedlich und stören nie. Obwohl sie so zerbrechlich wirken, besitzen sie eine starke Persönlichkeit und viel Mut. Fremden gegenüber aber oft sehr zurückhaltend.

Haltung: Sie brauchen engen Kontakt zur Familie, eignen sich aber weniger für die oft rauen Spiele von Kindern. Für kinderlose Menschen sind diese Hunde ideal.

Gesundheit: Schilddrüsenprobleme, Zahnprobleme, Epilepsie, Kniescheibenluxation.

Geeignet für: Anfänger

KURZ-INFO FCI-Gruppe 10/Nr. 200: *Windhunde*
Ursprungsland: *Italien* **Größe:** *32–38 cm* **Gewicht:** *5 kg*
Fell: *sehr kurz, fein* **Farbe:** *schwarz, schiefergrau, isabellfarben, weiß an Brust und Pfoten zulässig* **Lebenserwartung:** *12–15 Jahre und mehr* **Welpenpreis:** *ca. 800 Euro*

Japan Chin

auch: *Chin*

Verwendung: Was in China der Pekingese, das war in Japan der Chin. Sicher war er verwandt mit den kurznasigen Rassen aus China. Ein kleiner, rundköpfiger Hund mit seidigem

Erziehung:	🐾
Stadt:	🐾
Familie:	🐾🐾
Pflege:	🐾🐾🐾🐾🐾
Beschäftigung:	🐾🐾🐾

Fell, der in den Kimonoärmeln der adeligen Damen Platz hatte. Nach Deutschland kam das erste Chin-Pärchen 1880 als Geschenk der japanischen Kaiserin an Kaiserin Auguste.

Charakter: Lebhafte, aufgeschlossene Wohnungshunde, die zu ihren Menschen zärtlich sind und eine enge Bindung aufbauen. Mit anderen Hunden kommen sie sehr gut aus. Gut zu erziehen und leichtführig, nicht aggressiv, aber sehr wachsam.

Haltung: Sie sind problemlos in der Wohnung zu halten. Auch mehrere Chins vertragen sich gut. Sie wollen gern spielen und abwechslungsreiche Spaziergänge machen.

Gesundheit: Wasserkopf, Schwergeburten, Trockenauge (Fehlen der Tränenflüssigkeit).

Geeignet für: Anfänger

KURZ-INFO **FCI-Gruppe 9/Nr. 206:** *Gesellschafts- und Begleithunde* **Ursprungsland:** *Japan* **Größe:** *ca. 28 cm* **Gewicht:** *ca. 3 kg* **Fell:** *üppig, lang, seidig* **Farbe:** *weiß mit roten oder schwarzen Abzeichen, gleichmäßige Gesichtszeichnung* **Lebenserwartung:** *bis 15 Jahre* **Welpenpreis:** *ca. 800 Euro*

Japan Spitz

auch: *Nihon Supittsu*

Erziehung:	🐾
Stadt:	🐾
Familie:	🐾
Pflege:	🐾 🐾 🐾 🐾 🐾
Beschäftigung:	🐾 🐾 🐾

Verwendung: Ein noch sehr seltener Hund, der angeblich von den nordischen Spitzen abstammen soll. Darüber gehen aber die Meinungen auseinander. Fest steht, dass es sich um eine relativ junge Rasse handelt, die um 1900 in Japan noch nicht existierte. Die Ähnlichkeit in Körperbau und Wesen mit dem Deutschen Spitz ist aber unverkennbar, und so könnte er auch von diesem abstammen.

Charakter: Ein freundlicher und kinderlieber Hund, der wachsam ist, aber nicht kläfft, wie die Deutschen Spitze. Er ist sehr gelehrig und leicht erziehbar. Das Wichtigste ist sein fehlender Jagdtrieb.

Haltung: Auch für kleinere Wohnungen geeignet. Er hat kein besonders großes Laufbedürfnis, liebt aber regelmäßige Spaziergänge und auch längere Wanderungen.

Gesundheit: Kniescheibenluxation, mehr ist nicht bekannt.

Geeignet für: Anfänger

KURZ-INFO **FCI-Gruppe 5/Nr. 262:** *Spitze und Hunde vom Urtyp* **Ursprungsland:** *Japan* **Größe:** *30–38 cm* **Gewicht:** *ca. 5 kg* **Fell:** *lang, gerade, abstehend, weiche, dichte Unterwolle* **Farbe:** *weiß* **Lebenserwartung:** *10–12 Jahre* **Welpenpreis:** *ca. 900 Euro*

Kanaan Hund

auch: *Canaan Dog*

Erziehung:	🐾
Stadt:	🐾🐾🐾🐾
Familie:	🐾🐾🐾
Pflege:	🐾
Beschäftigung:	🐾🐾🐾🐾🐾

Verwendung: Er stammt aus dem Land Kanaan im heutigen Israel. In der Mitte des letzten Jahrhunderts hat das Ehepaar Dres. Menzel mit wilden Pariahunden eine gezielte Zucht begonnen, da die eingeführten Diensthunderassen das Klima nicht vertrugen und zu krankheitsanfällig waren.

Charakter: Ausbildungsfähiger, schutzbereiter mittelgroßer Hund, der sich in seiner modernen Form auch für fortgeschrittene Hundehalter eignet. Frühe Sozialisierung und konsequente Erziehung sind Grundvoraussetzung.

Haltung: Das vertraute Gelände bewacht er sehr aggressiv. In fremder Umgebung verhält er sich eher neutral. Reagiert auf andere Hunde rauflustig. Schon die Welpen müssen frühzeitig getrennt werden, da sie blutige Rangkämpfe austragen.

Gesundheit: Ein sehr gesunder und robuster Hund ohne genetische Krankheiten.

Geeignet für: Fortgeschrittene

KURZ-INFO **FCI-Gruppe 5/Nr. 273:** *Spitze und Hunde vom Urtyp* **Ursprungsland:** *Israel* **Größe:** *50–60 cm* **Gewicht:** *18–25 kg* **Fell:** *mittellang, gerade, hart* **Farbe:** *alle außer grau, gestromt, black and tan und dreifarbig* **Lebenserwartung:** *14–15 Jahre und darüber* **Welpenpreis:** *ca. 1000 Euro*

Kangal

Verwendung: In der Türkei dürfen nur die Hunde Kangal genannt werden, die in Kangal selbst oder in der Gegend der Stadt Sivas rein gezüchtet und in das Stammbuch für Kangalhunde eingetragen werden. Die früh-

Erziehung: 🐾 🐾 🐾 🐾
Stadt: nein
Familie: 🐾 🐾 🐾 🐾 🐾
Pflege: 🐾
Beschäftigung: 🐾 🐾 🐾

here Adelsfamilie der Kangals aus Sivas spielte für die Reinzucht des Kangal in der Türkei seit Jahrhunderten eine wichtige Rolle. Der Kangal unterscheidet sich vom Karabash durch die Reinzucht. Nur er gilt in der Türkei als reinrassig.
Charakter: Zu Fremden ist er misstrauisch, sehr wachsam mit ausgeprägtem Schutztrieb. Nicht unterordnungsbereit, dominant, nimmt es sehr ernst, sein Revier zu schützen.
Haltung: Kein Hund für einen Reihenhausgarten, wo er durch permanenten Revierschutz-Stress zur tödlichen Gefahr werden kann. Während seiner selbstständigen Beschützer-Aktionen ist er nicht mehr unterordnungsbereit.
Gesundheit: Hüftgelenksdysplasie (HD).
Geeignet für: Spezialisten

KURZ-INFO **FCI:** *nicht anerkannt* **Ursprungsland:** *Türkei* **Größe:** *R 74–85 cm, H 71–79 cm* **Gewicht:** *R 50–68 kg, H 40–55 kg* **Fell:** *kurz, dicht* **Farbe:** *beige oder braun mit dunkler Maske* **Lebenserwartung:** *bis 15 Jahre* **Welpenpreis:** *ca. 800–1000 Euro*

Karabash

Verwendung: Karabash bedeutet »Schwarzkopf«, in der Türkei wird er auch »Comar« oder »Samsun« genannt. Im Gegensatz zum Kangal, der von der Oberschicht gezielt aus dem Karabash rein gezüchtet und größtenteils auch besser ernährt wurde, ist der Karabash der Allzweckhund der türkischen Bauern und Hirten.

Erziehung: 🐾🐾🐾🐾
Stadt: nein
Familie: 🐾🐾🐾🐾
Pflege: 🐾
Beschäftigung: 🐾🐾🐾

Charakter: Kein Unterschied zum Kangal. Wie dieser ist er ein unverfälschter Herdenschutzhund.

Haltung: Herdenschutzhunde sollten nicht als Familien- oder Begleithunde »missbraucht« werden. Sie wollen ihren festen Standort im ländlichen Hofbereich, den sie zuverlässig schützen. Keinesfalls sollten sie fortlaufend in fremde Lebensbereiche »mitgeschleppt« werden, wo fälschlicherweise aus ihrer Sicht immer wieder ihr Schutztrieb gefordert wird und sie zur Gefahr für die Umwelt werden.

Gesundheit: Hüftgelenksdysplasie (HD).

Geeignet für: Spezialisten

KURZ-INFO *FCI: nicht anerkannt* **Ursprungsland:** *Türkei* **Größe:** *R 74–85 cm, H 71–79 cm* **Gewicht:** *R 50–68 kg, H 40–55 kg* **Fell:** *kurz und dicht* **Farbe:** *beige oder grau mit dunkler Maske oder dunklem Kopf* **Lebenserwartung:** *12–15 Jahre* **Welpenpreis:** *ca. 500 Euro*

Karelischer Bärenhund

auch: _Karjalankarhukoira_

Verwendung: Man sieht es seiner Größe nicht an, dass er sich an einen Bären auf der Jagd herantraut. Seine Aufgabe ist aber nicht, den Bären, Elch, Hirsch, Wolf, Luchs oder das Wildschwein zu töten, sondern er sucht und verfolgt das Wild selbstständig, aber lautlos. Erst wenn er es gestellt hat, zeigt er das durch Gebell an.

Erziehung: 🐾🐾🐾🐾🐾
Stadt: nein
Familie: 🐾🐾🐾🐾🐾
Pflege: 🐾🐾
Beschäftigung: 🐾🐾🐾🐾🐾

Charakter: Mit Unterordnung im herkömmlichen Sinn kann er nichts anfangen. Freundlich zu seiner Familie, Fremden gegenüber reserviert. Aggressiv gegenüber anderen Hunden.

Haltung: Auch bei konsequenter Erziehung ist seine Haltung sehr schwierig. Der Karelische Bärenhund versucht immer wieder auszubrechen und auf eigene Faust zu wildern. In den Hundesport ist er nur schwer zu integrieren.

Gesundheit: Sehr robuster und gesunder Hund.

Geeignet für: Spezialisten

KURZ-INFO **FCI-Gruppe 5/Nr. 48:** _Spitze und Hunde vom Urtyp_ **Ursprungsland:** _Finnland_ **Größe:** _52–57 cm_ **Gewicht:** _22–27 kg_ **Fell:** _dicht, doppelt, gerade abstehend mit dichter Unterwolle_ **Farbe:** _schwarz, am liebsten mit leichtem Braunschimmer, mit reinweißen Abzeichen_ **Lebenserwartung:** _12–15 Jahre_ **Welpenpreis:** _ca. 500 Euro_

Kaukasischer Ovtcharka

auch: *Kavkazskaia Ovtcharka*

Verwendung: Wie alle Herdenschutzhunde ist er gewöhnt, auf sich allein
gestellt seine Herde zu bewachen und
zu schützen. Zum Schutz gegen die
Wölfe trägt er bei der Arbeit ein brei-
tes, mit kräftigen, nach außen gerichteten Stacheln bewehrtes
Halsband, seine Ohren werden bis auf die Muscheln kupiert.

Erziehung: 🐾🐾🐾🐾🐾
Stadt: nein
Familie: 🐾🐾🐾
Pflege: 🐾🐾🐾
Beschäftigung: 🐾🐾🐾

Charakter: Sein ausgeprägtes Selbstbewusstsein macht ihn
vom Menschen teilweise unabhängig, sein selbstständiges
Handeln für Fremde oft gefährlich. Innerhalb der eigenen Familie ruhig, unaufdringlich. Er gehorcht nicht aufs Wort.

Haltung: Will vorzugsweise im Freien sein. Dort braucht er
genügend Raum und Ruhe, da er sonst »dauerbeschützt«. Das
Grundstück muss ausreichend gesichert sein. Er braucht einen äußerst konsequenten Führer.

Gesundheit: HD, Ektropium, Entropium.

Geeignet für: Fortgeschrittene Spezialisten

KURZ-INFO FCI-Gruppe 2/Nr. 328: *Pinscher und Schnauzer,
Molossoide, Schweizer Sennenhunde* **Ursprungsland:** *Russland* **Größe:** *62–65 cm* **Gewicht:** *ca. 45–50 kg* **Fell:** *lang,
dicht mit Unterwolle, kommt auch kurzhaarig vor* **Farbe:** *weiß,
erdfarben, gesprenkelt oder scheckig* **Lebenserwartung:** *ca.
10 Jahre* **Welpenpreis:** *600–900 Euro*

Kerry Blue Terrier

Verwendung: Eine harte Rasse, die aus der Grafschaft Kerry stammt und so gut wie alles beherrscht. Die Hunde sind Wachhund, Ratten- und Mäusevernichter, Viehtreiber, Jagdgehilfe auf Dachse, Kaninchen und Vögel und ausgezeichnete Apportierer.

Erziehung: 🐾🐾
Stadt: 🐾🐾🐾🐾🐾
Familie: 🐾🐾🐾
Pflege: 🐾🐾🐾🐾🐾
Beschäftigung: 🐾🐾🐾🐾

Charakter: Intelligent und gelehrig. Ein guter Wächter, bellt aber wenig. Fremde mag er nicht. Er kann stur und auch launisch sein. Mit seiner starken Persönlichkeit kommt ein Anfänger nicht klar. Ein aktiver, sportlicher Hundekenner mit konsequenter, aber feiner Hand wird mit ihm glücklich sein. Mit anderen Hunden rauft er leidenschaftlich.

Haltung: Obwohl ihn die Engländer zum Ausstellungshund getrimmt haben, gehört er nicht auf die Couch, sondern braucht entsprechend seiner Talente viel Beschäftigung. Wenn das alles stimmt, ist er ein sehr interessanter Familienhund.

Gesundheit: HD, Verkleinerung des Augapfels, Entropium, Neigung zu Tumoren.

Geeignet für: Fortgeschrittene

KURZ-INFO FCI-Gruppe 3/Nr. 3: *Terrier* **Ursprungsland:** *Irland* **Größe:** *47 cm* **Gewicht:** *15–18 kg* **Fell:** *seidig, weich, dicht, gewellt* **Farbe:** *blau, mit oder ohne schwarzer Maske* **Lebenserwartung:** *10–13 Jahre* **Welpenpreis:** *ca. 800 Euro*

King Charles Spaniel

auch: *Toy Spaniel*

Erziehung:	🐾🐾
Stadt:	🐾
Familie:	🐾🐾
Pflege:	🐾🐾🐾🐾
Beschäftigung:	🐾🐾🐾

Verwendung: Eine der vielen Ehefrauen Heinrichs VIII. brachte im 13. Jahrhundert den King Charles Spaniel mit. Im Unterschied zum Cavalier King Charles (→ Seite 72) ist er kleiner und hat einen verkürzten Fang. Die englischen Könige Charles I. und Charles II. kümmerten sich fast mehr um ihre Hündchen als um ihre Regierungsgeschäfte.

Charakter: Er ist fest auf seinen Menschen programmiert. Ist anhänglich, friedfertig und bellt wenig. Kleine, unruhige Kinder sind nicht gerade seine Wunschpartner.

Haltung: Konsequente Erziehung ist nötig. Im Freien zeigt er sein Temperament, macht auch gern längere Spaziergänge.

Gesundheit: Kniescheibenluxation, Augen-, Atemprobleme, offene Schädelknochenlücke (Fontanelle), erbliche Herzfehler.

Geeignet für: Anfänger

KURZ-INFO FCI-Gruppe 9/Nr. 128: *Gesellschafts- und Begleithunde* **Ursprungsland:** *Großbritannien* **Größe:** *22–30 cm* **Gewicht:** *3,5–6,5 kg* **Fell:** *reich behaart, seidig, lang, gerade mit reich befederten Läufen* **Farbe:** *tricolor (ehemals »Prince Charles«), black and tan (ehemals »King Charles«), blenheim (weiß mit roten Platten), ruby (kastanienrot)* **Lebenserwartung:** *9–15 Jahre* **Welpenpreis:** *ca. 800 Euro*

Kleiner Münsterländer

Verwendung: Durch eine Fernsehserie sind leider »Vermarkter« auf diese Rasse aufmerksam geworden, sodass man beim Kauf auf wesensschwache Hunde so genannter »Liebhaberzüchter« ohne Papiere achten muss. Er ist der kleinste deutsche Vorstehhund und stammt von den Vogelhunden des Mittelalters ab.

Erziehung:	🐾
Stadt:	🐾🐾🐾🐾
Familie:	🐾
Pflege:	🐾🐾
Beschäftigung:	🐾🐾🐾🐾

Charakter: Lebhaft und anhänglich, gut im Umgang mit Kindern und anderen Haustieren. Er lernt sehr schnell und ordnet sich bei konsequenter Erziehung sehr leicht unter. Er ist wachsam, aber nicht bissig.

Haltung: Dieser schöne, intelligente und vielseitige Jagdhund gehört unbedingt in die Hand des Jägers und sollte nicht als Begleithund mit Ersatzbeschäftigungen im gelegentlichen Hundesport verkümmern.

Gesundheit: Selten HD, Entropium.

Geeignet für: Anfänger, Jäger

KURZ-INFO FCI-Gruppe 7/**Nr. 102:** *Vorstehhunde*
Ursprungsland: *Deutschland* **Größe:** *50–56 cm* **Gewicht:** *ca. 15 kg* **Fell:** *mittellang, schlicht, fest anliegend, mit Fahne an der Rute; Vorderläufe befedert, Hinterläufe behost* **Farbe:** *weiß-braun mit Platten oder Mantel, Schimmel* **Lebenserwartung:** *10–12 Jahre* **Welpenpreis:** *ca. 700 Euro*

Kleinpudel

Verwendung: Der Pudel gehört zu den ältesten Haushunderassen, da er von den alten Wasserhunden abstammt. Man findet den Pudel auf Abbildungen des Barock und des Rokoko als Begleiter edler Damen.

Erziehung:	🐾
Stadt:	🐾
Familie:	🐾
Pflege:	🐾🐾🐾🐾🐾
Beschäftigung:	🐾🐾🐾

Lange Zeit musste er nach französischen Vorgaben geschoren (Löwenschur) werden. Erst um 1950, als sich nach langem Widerstand die Neue Schur durchsetzte, begann der Siegeslauf des Kleinpudels zum beliebtesten Hund.

Charakter: Intelligent, fröhlich, anschmiegsam, anpassungsfähig und dazu leicht erziehbar. Wohlerzogene Kinder mit guten Manieren findet er toll.

Haltung: Zu hart erzogen oder vermenschlicht, was leider öfter vorkommt, kann er auch hysterisch und dickköpfig als Neurotiker einen ganzen Haushalt durcheinander bringen.

Gesundheit: HD, Epilepsie, Hautprobleme, Neigung zu Starerkrankungen, Progressive Retinaatrophie (PRA).

Geeignet für: Anfänger

KURZ-INFO **FCI-Gruppe 9/Nr. 172:** *Gesellschafts- und Begleithunde* **Ursprungsland:** *Frankreich* **Größe:** *35–45 cm* **Gewicht:** *12 kg* **Fell:** *doppelt, üppig, wollig, gut gekräuselt* **Farbe:** *schwarz, weiß, braun, silber und apricot* **Lebenserwartung:** *bis 15 Jahre und mehr* **Welpenpreis:** *ca. 600 Euro*

Komondor

Verwendung: Ab dem 16. Jahrhundert kennt man ihn als Ungarischen Hirtenhund, der als Herdenschutzhund für die Sicherheit der Herden sorgte. Sein Fell besteht aus vorhangartig herabhängenden, verfilzten Schnüren, das sowohl vor den Bissen der Wölfe als auch vor allen Witterungseinflüssen schützte. Nur das Interesse der Rassehundezüchter bewahrte diese Rasse vor dem Aussterben.

Erziehung: 🐾🐾🐾🐾
Stadt: nein
Familie: 🐾🐾🐾🐾🐾
Pflege: 🐾🐾🐾🐾🐾
Beschäftigung: 🐾🐾🐾🐾🐾

Charakter: Er ist ein ruhiger, ernster, selbstbewusster Hund, der selbstständig entscheidet, ohne auf Befehle zu achten. Unterwürfigkeit ist ihm fremd, seine Erziehung ist dementsprechend nicht leicht.

Haltung: Er gehört nur in die Hände von Rasseliebhabern, die mit den Eigenheiten seines Charakters und mit der Besonderheit seines »pflegeunmöglichen« Fells klarkommen. Zur Pflege des Fells sind Spezialkenntnisse notwendig.

Gesundheit: HD, Hautreizungen und Infektionen.

Geeignet für: Fortgeschrittene Spezialisten

KURZ-INFO FCI-Gruppe 1/Nr. 53: Hüte- und Treibhunde
Ursprungsland: Ungarn **Größe:** 63 cm **Gewicht:** 43–45 kg
Fell: stark, wetterfest, doppelt, bestehend aus langen Schnüren, die untereinander verfilzt sind **Farbe:** weiß **Lebenserwartung:** ca. 10 Jahre und mehr **Welpenpreis:** ca. 1000 Euro

Kooikerhondje

Verwendung: Das Fangen von Wildenten in Kojen mit Hilfe eines »Kojenhündchens« hatte in Holland eine sehr lange Tradition: Ein Teil eines offenen Kanals wurde mit Drahtgeflecht überdacht, im offenen Kanal ohne Überdachung wurden zahme Enten in Anwesenheit des Hundes aufgezogen und gefüttert. Wenn wilde Enten auf ihrem Zug Rast machten, lief der Hund am Ufer entlang, wobei die zahmen Enten in den überdachten Teil schwammen, weil sie beim Erscheinen des Hundes meist gefüttert wurden. Die wilden Enten schwammen mit in die Falle und konnten wegen der Drahtüberdachung nicht mehr auffliegen. **Charakter:** Heute ist das Kooikerhondje ein beliebter Begleithund, denn es ist intelligent, gelehrig und leicht erziehbar. **Haltung:** Es ist fröhlich, lebhaft und wachsam. Grobe Kinder verträgt es nicht. **Gesundheit:** Keine besonderen Krankheiten bekannt. **Geeignet für:** Anfänger

Erziehung: 🐾
Stadt: 🐾
Familie: 🐾 🐾
Pflege: 🐾
Beschäftigung: 🐾 🐾 🐾 🐾

KURZ-INFO **FCI-Gruppe 8/Nr. 314:** *Apportier-, Stöber- und Wasserhunde* **Ursprungsland:** *Niederlande* **Größe:** *35–40 cm* **Gewicht:** *ca. 10 kg* **Fell:** *mittellang, fein, Vorderläufe, Rute und Ohren befedert* **Farbe:** *weiß mit orangeroten Platten* **Lebenserwartung:** *ca. 12 Jahre und mehr* **Welpenpreis:** *ca. 800 Euro*

Kromfohrländer

Verwendung: Ilse Schleifenbaum kreuzte 1945 zufällig eine rauhaarige Foxterrierhündin mit einem vermutlich bretonischen Griffon und erhielt einen gleichmäßigen Wurf weißbrauner Hunde. Von ihrem Aussehen und ihrem Charakter fasziniert, züchtete sie weiter; 1955 wurde die Rasse als Kromfohrländer anerkannt.

Erziehung:	🐾
Stadt:	🐾
Familie:	🐾 🐾
Pflege:	🐾
Beschäftigung:	🐾 🐾 🐾

Charakter: »Er ist eine Mixtur aus Fröhlichkeit und Nachdenklichkeit. Der Kromfohrländer ist anhänglich, ohne unterwürfig zu sein, treu und zuverlässig, eigenwillig, ohne jeden fatalen Hang zur Widerborstigkeit.« (Ilse Schleifenbaum)

Haltung: Er ist ein guter Wächter und bellt gern. Mit etwas größeren Kindern kommt er gut zurecht. Er wildert nicht und eignet sich gut für Agility. Er braucht absoluten Familienanschluss und aktive Menschen, die sich in Bezug auf Beschäftigung etwas einfallen lassen.

Gesundheit: Knieerkrankungen.

Geeignet für: Anfänger

KURZ-INFO FCI-Gruppe 9/Nr. 192: *Gesellschafts- und Begleithunde* **Ursprungsland:** *Deutschland* **Größe:** *38–46 cm* **Gewicht:** *10–16 kg* **Fell:** *glatt- oder drahthaarig* **Farbe:** *weiß mit braunen Flecken* **Lebenserwartung:** *15–17 Jahre* **Welpenpreis:** *ca. 400 Euro*

Kuvasz

Verwendung: Der Name »Kuvasz« kommt aus dem Türkischen und bedeutet »Schützer«. Das tut der Hund auch, seit die Rasse mit eingewanderten Hirtenvölkern ins heutige Ungarn kam. Als im Zweiten Welt-

Erziehung:	🐾🐾🐾
Stadt:	nein
Familie:	🐾🐾
Pflege:	🐾🐾🐾
Beschäftigung:	🐾🐾🐾

krieg und dann 1956 beim Ungarnaufstand der Kuvasz in Ungarn als fast ausgerottet galt, musste der Bestand mit Zuchttieren aus dem Ausland wieder aufgefüllt werden.

Charakter: Er ist eine starke Persönlichkeit. Nur durch konsequente Erziehung schon ab dem Welpenalter findet er seinen Platz in der Rangordnung seiner Familie. Wenn er sich eingeordnet hat, ist er ein angenehmer Hausgenosse und wacht und schützt zuverlässig.

Haltung: Der Kuvasz braucht ausreichend Platz und regelmäßige Bewegung. Sein Anspruch an die Führungsqualitäten seines Herrn ist hoch.

Gesundheit: HD, Hautprobleme wie alle weißen Hunde.

Geeignet für: Fortgeschrittene

KURZ-INFO *FCI-Gruppe 1/Nr. 54: Hüte- und Treibhunde*
Ursprungsland: Ungarn **Größe:** *70–76 cm* **Gewicht:** *ca. 52 kg*
Fell: lang, doppelt, leicht gewellt oder flach anliegend **Farbe:**
weiß oder elfenbeinfarben **Lebenserwartung:** *bis 10 Jahre*
Welpenpreis: ca. 800 Euro

Labrador Retriever

Verwendung: Der Labrador – ob in Blond, Chocolate oder in Schwarz – ist einer der vielseitigsten Begleithunde, die es zurzeit gibt. Er stammt aus dem Süden Neufundlands und ist zur Wasserarbeit gezüchtet worden. Die

Erziehung:	🐾
Stadt:	🐾
Familie:	🐾
Pflege:	🐾
Beschäftigung:	🐾 🐾 🐾

Engländer verfeinerten seinen Typ, indem sie Pointer einkreuzten. Er ist ein guter Jagdhund, ein hervorragender Drogensuch-, Rettungs-, Lawinen- und Blindenführhund.
Charakter: Ein nervenstarker Hund mit ausgeglichenem Wesen. Er ist anhänglich, wildert und streunt nicht. Er ist geduldig und spielfreudig mit Kindern und auch verschmust.
Haltung: Trotz aller guten Eigenschaften braucht er konsequente Erziehung. Seine Verfressenheit muss unter Kontrolle gebracht werden, weil er sonst unbeweglich und langweilig wird. Problemloser Begleiter in der Öffentlichkeit.
Gesundheit: HD, Ellenbogendysplasie, PRA und Epilepsie, Starerkrankungen, Schilddrüsenüberfunktion.
Geeignet für: Anfänger

KURZ-INFO FCI-Gruppe 8/Nr. 122: *Apportier-, Stöber- und Wasserhunde* **Ursprungsland:** *Großbritannien* **Größe:** *54–62 cm* **Gewicht:** *25–36 kg* **Fell:** *hartes, dichtes Deckhaar mit Wasser abweisender Unterwolle* **Farbe:** *schwarz, chocolate, gelb* **Lebenserwartung:** *11–15 Jahre* **Welpenpreis:** *900 Euro*

Laekenois

auch: *Laekense*

Verwendung: Diese vierte belgische Schäferhundrasse wurde gezielt von einer Schäferfamilie im Park des Schlosses Laeken gezüchtet. Der rauhaarige Laeken wird immer etwas stiefmütterlich behandelt, da er im Gegensatz zu den anderen Belgiern (→ Seite 117, 155, 208) nicht so häufig vorkommt. Er macht für viele Menschen in seinem struppigen Gewand nicht sehr viel her.

Charakter: Neben seiner sehr guten Hütefähigkeit ist er ein aufmerksamer Wach- und unerschrockener Schutzhund. Er ist ausgeglichener und ruhiger als seine stets agilen und manchmal auch etwas nervösen Vettern.

Haltung: Als robuster Hütehund hält er sich vorrangig lieber im Freien auf, liebt aber auch die enge Anbindung als Familienmitglied. Er ist sehr lauffreudig und muss daher in privater Hand ausreichend beschäftigt und bewegt werden.

Gesundheit: Hüftgelenksdysplasie (HD), Epilepsie.

Geeignet für: Fortgeschrittene

Erziehung: 🐾🐾
Stadt: nein
Familie: 🐾🐾
Pflege: 🐾
Beschäftigung: 🐾🐾🐾🐾🐾

KURZ-INFO FCI-Gruppe 1/Nr. 15: *Hüte- und Treibhunde*
Ursprungsland: *Belgien* **Größe:** *58–62 cm* **Gewicht:** *28–32 kg*
Fell: *6 cm lang, derb, rau, struppig* **Farbe:** *rotbraun* **Lebenserwartung:** *10–12 Jahre* **Welpenpreis:** *ca. 500 Euro*

Lakeland Terrier

Verwendung: Er sieht dem Welsh Terrier (→ Seite 217) zwar sehr ähnlich, ist aber nicht mit ihm verwandt, sondern mit Border, Bedlington und Dandie Dinmont Terrier. Seine Aufgabe war es ebenfalls, den Fuchs zu jagen und mit ihm auch körperlich fertig zu werden. Heute wird er meist ohne jagdliche Interessen im Haus gehalten, ist aber immer noch Terrier geblieben.

Erziehung: 🐾🐾
Stadt: 🐾
Familie: 🐾
Pflege: 🐾🐾🐾🐾
Beschäftigung: 🐾🐾🐾🐾

Charakter: Er ist freundlich und gutmütig und versteht sich auch gut mit Kindern. Er braucht konsequente Erziehung, da er auch ziemlich stur sein kann. Insgesamt ist er ruhiger und vernünftiger als die anderen Terrier.

Haltung: Er hat immer noch einen stark ausgeprägten Jagdtrieb. Mit seiner hohen Stimme kann er manchmal die Nachbarn nerven. Er muss regelmäßig getrimmt werden.

Gesundheit: Sehr robust und gesund.

Geeignet für: Anfänger

KURZ-INFO FCI-Gruppe 3/Nr. 70: *Terrier* **Ursprungsland:** *Großbritannien* **Größe:** *ca. 36 cm* **Gewicht:** *R 7,7 kg, H 6,8 kg* **Fell:** *hart, dicht, wasserfest, mit dichter, weicher Unterwolle* **Farbe:** *blau mit Lohfarbe, schwarz-lohfarben, rot, weizenrot, rotgrizzle, leberfarben, blau und schwarz* **Lebenserwartung:** *oft über 15 Jahre* **Welpenpreis:** *ca. 800 Euro*

Landseer

Verwendung: Im 18. Jahrhundert waren Landseer und Neufundländer (→ Seite 163) noch eine Rasse. Erst als Sir Edwin Landseer einen schwarzweißen Neufundländer malte, wurde er nach ihm benannt. Als die Rasse nicht mehr existierte, wurde sie mithilfe Schweizer Züchter erneut aus dem Neufundländer herausgezüchtet. Unlogischerweise heißt der schwarzweiße Neufundländer nicht Landseer.

Erziehung: 🐾
Stadt: nein
Familie: 🐾
Pflege: 🐾🐾🐾
Beschäftigung: 🐾🐾🐾

Charakter: Ganz gleich, was sich rivalisierende Züchter noch alles ausdenken, der Landseer ist wie der Neufundländer eine geballte Ladung von Liebenswürdigkeit, Treue, Gutmütigkeit und Zuverlässigkeit. Seine Liebe zu seinen Menschen ist groß.

Haltung: Braucht Raum und Platz in Haus und Garten. Liebt gemütliche, nicht zu lange Spaziergänge. Er schwimmt lieber.

Gesundheit: HD, Knieerkrankungen, Herzerkrankungen, Entropium, Wolfskrallen (Afterkrallen, → Seite 18).

Geeignet für: Anfänger

KURZ-INFO **FCI-Gruppe 2/Nr. 226:** *Pinscher und Schnauzer, Molossoide, Schweizer Sennenhunde* **Ursprungsland:** *Deutschland, Schweiz* **Größe:** *67–80 cm* **Gewicht:** *60–70 kg* **Fell:** *lang, schwer, dicht* **Farbe:** *weiß mit schwarzen Platten, Kopf immer schwarz* **Lebenserwartung:** *etwa 10 Jahre* **Welpenpreis:** *bis etwa 1000 Euro*

Leonberger

Verwendung: Er bekam seinen Namen von der Stadt Leonberg. Heinrich Essig, Stadtrat aus Leonberg, wollte einen Hund schaffen, der wie der Löwe im Leonberger Stadtwappen aussah. Man weiß nicht genau,

Erziehung: 🐾🐾
Stadt: nein
Familie: 🐾
Pflege: 🐾🐾🐾
Beschäftigung: 🐾🐾🐾

welche Rassen er miteinander kreuzte. Bernhardiner, Landseer und Pyrenäen-Berghund waren auf jeden Fall dabei. Viele mit Rang und Namen wollten diesen Hund haben, u. a. Otto von Bismarck, Kaiserin Sissi und Richard Wagner.

Charakter: Heute ist der Leonberger ein ruhiger, nervenfester Hund, der zuverlässig beschützt, aber wenig bellt. Er ist selbstbewusst, aber auch liebebedürftig.

Haltung: Braucht viel Platz und ist nicht für die Stadt geeignet. Nicht besonders lauffreudig, geht aber gern spazieren.

Gesundheit: HD, Knorpeldefekte im Wachstum, Knieerkrankungen, Afterkrallen (→ Seite 18), Kehlkopfverengung.

Geeignet für: Anfänger

KURZ-INFO **FCI-Gruppe 2/Nr. 145:** *Pinscher und Schnauzer, Molossoide, Schweizer Sennenhunde* **Ursprungsland:** *Deutschland* **Größe:** *76–80 cm* **Gewicht:** *über 40 kg* **Fell:** *mäßig lang, dicht, mittelweich, wasserfest* **Farbe:** *löwenfarbig, gold- bis rotbraun, sandfarben mit schwarzer Maske* **Lebenserwartung:** *unter 10 Jahre* **Welpenpreis:** *ca. 1000 Euro*

Lhasa Apso

Verwendung: Als sehr alte Rasse wurde er in Tibet in den Tempelanlagen als Wachhund gehalten. Daher ist er auch bei uns Fremden gegenüber noch sehr misstrauisch.

Erziehung:	🐾 🐾
Stadt:	🐾
Familie:	🐾 🐾
Pflege:	🐾 🐾 🐾 🐾 🐾
Beschäftigung:	🐾 🐾 🐾

Charakter: Er möchte nicht als Schoßhund verwöhnt werden. Er hat ein stolzes Selbstbewusstsein und will als Hund ernst genommen werden. Verhätschelung beantwortet er mit Verhaltensstörungen. Zu seiner Familie ist er anhänglich und zärtlich, will aber nicht von kleinen Kindern herumgeschubst werden. Er will immer wissen, wer der Herr im Haus ist, sonst spielt er sich dazu auf.
Haltung: Ein geeigneter Wohnungshund, der aber auch längere Spaziergänge nicht nur bei Sonnenschein liebt. Die Fellpflege ist sehr zeitaufwändig und notwendig, sonst kommt es zu Verfilzungen.
Gesundheit: Augen- und Nierenprobleme.
Geeignet für: Anfänger

KURZ-INFO **FCI-Gruppe 9/Nr. 227:** *Gesellschafts- und Begleithunde* **Ursprungsland:** *Tibet (Großbritannien)* **Größe:** *ca. 25 cm* **Gewicht:** *ca. 6–10 kg* **Fell:** *lang, schwer, gerade und ziemlich hart, mit mäßiger Unterwolle* **Farbe:** *alle Farben bis zur Mehrfarbigkeit* **Lebenserwartung:** *ca. 12 Jahre und älter* **Welpenpreis:** *ca. 800 Euro*

Löwchen

auch: *Petit chien lion*

Verwendung: Jahrhunderte waren sie die klassischen Schoßhunde für edle Damen, lagen aber auch adeligen Herren zu Füßen. Das wie ein Löwe geschorene Hinterteil verhalf ihm zu seinem Namen. Die Rasse geriet in Vergessenheit – vielleicht auch wegen dieser eigenartigen Schur – und musste auf schmalster Zuchtbasis wieder aufgebaut werden.

Erziehung: 🐾🐾
Stadt: 🐾
Familie: 🐾
Pflege: 🐾🐾🐾
Beschäftigung: 🐾🐾🐾🐾

Charakter: Ein lebendiger, allseits verträglicher, gelehriger, kinderverträglicher Hund, der einen ausgeprägten Lauf- und Spieltrieb hat. In seiner Familie ist er zärtlich und anschmiegsam, wogegen er Fremden gegenüber etwas reserviert ist. Er ist wachsam, aber kein ausgesprochener Kläffer.

Haltung: Hat Platz in der kleinsten Stadtwohnung, wenn er sich auf den geliebten Spaziergängen richtig austoben kann.

Gesundheit: Zahnprobleme, Kniescheibenluxation (selten).

Geeignet für: Anfänger

KURZ-INFO **FCI-Gruppe 9/Nr. 233:** *Gesellschafts- und Begleithunde* **Ursprungsland:** *Frankreich* **Größe:** *32 cm* **Gewicht:** *5 kg* **Fell:** *lang, gewellt, seidig weich, aber griffig* **Farbe:** *alle Farben außer sämtlichen Brauntönen, einfarbig oder gescheckt* **Lebenserwartung:** *über 12 Jahre* **Welpenpreis:** *500–700 Euro*

Lundehund

auch: *Norsk Lundehund*

Verwendung: Jahrhundertelang wurde der Lundehund zur Jagd auf Papageitaucher (Lunde) abgerichtet, die er lebend aus ihren Höhlen auf den Meeresklippen fing. Dazu entwickelte er spezielle körperliche Besonderheiten, die sonst kein Hund hat: Er besitzt fünf statt vier Zehen und zwei stabile Afterkrallen für sicheren Tritt auf den Klippen. Die Ohrmuscheln kann er zum Schutz vor Schlamm seitlich einklappen und seine Vorderläufe 90 Grad vom Körper abspreizen.

Charakter: Da er äußerst selten gehalten wird, weiß man nur, dass er als Begleithund schlecht geeignet sein dürfte.

Haltung: So einen speziellen Hund sollten nur Liebhaber dieser Rasse halten, die ihm rassespezifische Beschäftigung und Haltung bieten können.

Gesundheit: Über spezielle Erkrankungen ist nichts bekannt.

Geeignet für: Fortgeschrittene

Erziehung:	🐾🐾
Stadt:	🐾🐾🐾🐾
Familie:	🐾🐾
Pflege:	🐾
Beschäftigung:	🐾🐾🐾🐾🐾

KURZ-INFO **FCI-Gruppe 5/Nr. 265:** *Spitze und Hunde vom Urtyp* **Ursprungsland:** *Norwegen* **Größe:** *32–38 cm* **Gewicht:** *6–8 kg* **Fell:** *nicht ganz kurz, dicht, wasserabweisend* **Farbe:** *rotbraun mit schwarzen Haarspitzen, schwarz oder grau mit weißen Abzeichen, weiß mit dunklen Abzeichen* **Lebenserwartung:** *über 10 Jahre* **Welpenpreis:** *nicht bekannt*

Magyar Vizsla

auch: *Ungarischer Vorstehhund*

Erziehung:	🐾
Stadt:	🐾🐾🐾🐾🐾
Familie:	🐾
Pflege:	🐾
Beschäftigung:	🐾🐾🐾🐾

Verwendung: Ein wunderschöner, vielseitiger Vorstehhund, der zu Ungarn gehört wie der Berner Sennenhund in die Schweiz. Er entstand gezielt ab dem 18. Jahrhundert aus türkischen Jagdhunden durch die Einkreuzung von Pointer und Deutsch Kurzhaar. Der Magyar Vizsla ist ein Vielzweck-Jagdhund für die moderne Jagd.

Charakter: Er ist leichtführig und sehr halterbezogen, anhänglich und intelligent. Im Haus und als Begleithund ist er sehr ruhig und gehorsam. Für Kinder hat er gute Nerven.

Haltung: Dieser hoch talentierte Jagdhund eignet sich zwar auch als Begleithund, braucht aber unbedingt einen vollen Ersatz für die Jagdarbeit, da er sonst psychische Probleme bekommt. Hundesport wie Agility oder Turniersport kann sehr intensiv betrieben werden, ohne den Vizsla zu überfordern.

Gesundheit: Ein gesunder Hund.

Geeignet für: Fortgeschrittene

KURZ-INFO FCI-Gruppe 7/Nr. 57: *Vorstehhunde*
Ursprungsland: *Ungarn* Größe: *57–64 cm* Gewicht: *22–30 kg*
Fell: *kurz, glatt, dicht, eng anliegend, glänzend, ohne Unterwolle* Farbe: *dunkles Semmelgelb* Lebenserwartung: *14–15 Jahre*
Welpenpreis: *ca. 900 Euro*

Malinois

auch: *Belgischer Schäferhund*

Erziehung:	🐾
Stadt:	🐾 🐾 🐾 🐾
Familie:	🐾
Pflege:	🐾
Beschäftigung:	🐾 🐾 🐾 🐾 🐾

Verwendung: Er ist der kurzhaarige der Belgischen Schäferhunde und stammt aus der Gegend um Malines. In den letzten Jahren haben ihn die Hundesportler und die Polizei für spezielle Aufgaben entdeckt. Im Polizeidienst, bei der Abwehr von Angriffen oder als »Zugriffshund« gibt es keinen schnelleren Hund als den Malinois.

Charakter: In der Hand eines fortgeschrittenen Hundesportlers ist dieser Hund auch als Haus- und Familienhund geeignet. Folgsam und robust, kann er trotz seiner hervorragenden Schutzeigenschaften manchmal recht sensibel sein.

Haltung: Er braucht sehr viel Beschäftigung, die auch seine Intelligenz fordert. Alleinige Bewegung ist ihm zu langweilig. Fährten suchen, Gehorsams- und Gewandtheitsübungen und Agility, und das jeden zweiten Tag, wären ihm gerade recht.

Gesundheit: HD und selten Epilepsie.

Geeignet für: Fortgeschrittene

KURZ-INFO *FCI-Gruppe 1/Nr. 15: Hüte- und Treibhunde* **Ursprungsland:** *Belgien* **Größe:** *58–62 cm* **Gewicht:** *22,5–32 kg* **Fell:** *kurz, dicht, doppelt* **Farbe:** *rot bis rehbraun, mit schwarzer Maske* **Lebenserwartung:** *10–14 Jahre* **Welpenpreis:** *ca. 500 Euro*

Malteser

auch: *Maltese*

Verwendung: Schon im alten Rom und in Griechenland gab es diese Rasse, die zu den ältesten Hunderassen überhaupt zählt. Sie erfreute später auch am französischen Königshof die adeligen Damen und Herren als Schoß- und Betthündchen. Der Malteser ist der bekannteste und auch der beliebteste der Bichons.

Charakter: Malteser sind intelligente, lebhafte und gelehrige Hunde, die ihrem Besitzer auf Schritt und Tritt folgen. Sie sind wachsam, ohne aber dauernd zu kläffen.

Haltung: Der Malteser geht gern spazieren und ist auch in der Öffentlichkeit in der Regel unproblematisch. Sein wunderschönes, sehr langes, aber auch sehr schweres Fell muss mit enormem Zeitaufwand regelmäßig gepflegt werden.

Gesundheit: Zahnprobleme, Kniescheibenluxation, Taubheit, Blindheit, Monorchismus (nur ein Hoden).

Geeignet für: Anfänger

Erziehung:	🐾🐾
Stadt:	🐾
Familie:	🐾
Pflege:	🐾🐾🐾🐾🐾
Beschäftigung:	🐾🐾🐾

KURZ-INFO **FCI-Gruppe 9/Nr. 65:** *Gesellschafts- und Begleithunde* **Ursprungsland:** *Italien* **Größe:** *20–25 cm* **Gewicht:** *1,8–3 kg* **Fell:** *lang, seidig, üppig* **Farbe:** *reinweiß, blasse Elfenbeintönung zulässig* **Lebenserwartung:** *ca. 13 Jahre* **Welpenpreis:** *700–1000 Euro*

Manchester Terrier

Verwendung: Sein Entstehungsgebiet waren die Hafengebiete von Liverpool und Manchester, wo der Black and Tan Terrier, so wurde er damals genannt, bei Rattenkämpfen für seinen Besitzer Geld verdienen musste.

Erziehung:	🐾 🐾
Stadt:	🐾
Familie:	🐾
Pflege:	🐾
Beschäftigung:	🐾 🐾 🐾

Durch Einkreuzung des Whippets bekam er ein eleganteres Aussehen und wurde zum beliebten Schauhund.

Charakter: Er ist ein temperamentvoller und bewegungsfreudiger Hund. Im Haus ist er sauber, wachsam, aber nicht bissig. Mit vernünftigen Kindern versteht er sich gut. Er ist gelehrig und leicht erziehbar.

Haltung: Er ist zwar bewegungsfreudig, braucht aber nicht dauernd Beschäftigung. Beim Spaziergang ist er ein problemloser Begleiter. Wegen seines angenehmen und anspruchslosen Wesens muss man dem gesunden und unverbrauchten Terrier wünschen, in Zukunft mehr Freunde zu gewinnen.

Gesundheit: Entropium.

Geeignet für: Anfänger

KURZ-INFO FCI-Gruppe 3/Nr. 71: *Terrier* **Ursprungsland:** *Großbritannien* **Größe:** *38–41 cm* **Gewicht:** *5–10 kg* **Fell:** *kurz, dick, dicht, glänzend, fühlt sich nicht weich an* **Farbe:** *schwarzlohfarben* **Lebenserwartung:** *12–15 Jahre* **Welpenpreis:** *ca. 500 Euro*

Maremmen-Abruzzen-Schäferhund

auch: *Cane da pastore Maremmano-Abruzzese*

Verwendung: Mitte des 13. Jahrhunderts brachten die Mongolen asiatische Doggen mit nach Europa. Diese mächtigen Tiere kreuzte man in Mittelitalien mit Hunden aus den Abruzzen und der Maremma. Seither schützen diese als Herdenschutzhunde gezielt gezüchteten weißen Hunde die Herden vor Wölfen.

Erziehung: 🐾🐾
Stadt: nein
Familie: 🐾🐾
Pflege: 🐾🐾🐾
Beschäftigung: 🐾🐾🐾

Charakter: Ein selbstbewusster, selbstständig entscheidender Herdenschutzhund, der in der Familie freundlich und unaufdringlich ist. Er ist sehr gelehrig und intelligent. Seine Verteidigungsbereitschaft schafft manchmal Probleme.

Haltung: Diese Hunde sind sehr auf ein Leben im Freien eingerichtet. Für die Wohnung sind sie zu groß, obwohl sie Familienanschluss genießen. Ein Reihenhaus mit Gärtchen reicht für die problemlose Haltung nicht aus.

Gesundheit: HD, gelegentlich andere Skelettprobleme.

Geeignet für: Fortgeschrittene

KURZ-INFO FCI-Gruppe 1/Nr. 201: *Hüte- und Treibhunde*
Ursprungsland: *Italien* **Größe:** *R 65–73 cm, H 60–68 cm*
Gewicht: *ca. 52 kg* **Fell:** *lang, leicht gewellt und ziemlich hart mit dichter Unterwolle* **Farbe:** *weiß* **Lebenserwartung:*
8–10 Jahre **Welpenpreis:** *ca. 800 Euro*

Mastiff

Verwendung: Kelten und Normannen brachten ihre schweren Hunde mit nach Britannien; von ihnen stammt der Mastiff ab. Schwerer Jagd- und Schutzhund war sein Verwendungszweck. Der Mastiff wiederum war Ausgangsrasse einer Reihe großer Rassen, z. B. Deutscher Dogge, Bernhardiner, Bullmastiff und Neufundländer.

Erziehung: 🐾🐾
Stadt: nein
Familie: 🐾🐾🐾
Pflege: 🐾🐾
Beschäftigung: 🐾🐾🐾

Charakter: Freundlich, gutmütig und ehrlich. Er hat einen angeborenen Schutztrieb, ist aber nicht unnötig aggressiv. Trotz konsequenter Erziehung wird er nicht immer aufs Wort gehorchen. Er ist liebevoll und ausgeglichen.

Haltung: Er möchte genügend Raum im Haus; auch der Garten sollte groß genug sein, damit er seine Streifgänge gewissenhaft machen kann.

Gesundheit: HD, Gelenkprobleme, Ektropium, Wolfskrallen (→ Seite 18). In Hautfalten auf Infektionen achten.

Geeignet für: Fortgeschrittene

KURZ-INFO **FCI-Gruppe 2/Nr. 264:** *Pinscher und Schnauzer, Molossoide, Schweizer Sennenhunde* **Ursprungsland:** *Großbritannien* **Größe:** *bis 80 cm und leider auch darüber* **Gewicht:** *häufig leider bis zu 90 kg* **Fell:** *kurz und anliegend* **Farbe:** *apricot, silber, falb, dunkel gestromt, schwarze Maske* **Lebenserwartung:** *7–10 Jahre* **Welpenpreis:** *ca. 1000 Euro*

Mastino Napoletano

Verwendung: Die Rasse stammt von den Molossern ab. Der heutige Mastino wurde ab Ende 1940 gezielt zu der in vieler Hinsicht missgestalteten, bei bestimmten Leuten erwünscht gefährlichen Rasse gezüchtet.

Erziehung: 🐾🐾🐾
Stadt: nein
Familie: 🐾🐾🐾
Pflege: 🐾🐾
Beschäftigung: 🐾🐾🐾

Charakter: Der Rest der verbliebenen vernünftigen Züchter versucht nun zu retten, was zu retten ist. Sie wollen das Positive dieses interessanten Hundes wieder mehr in den Vordergrund »züchten«. Seinem Herrn gegenüber ist er unbedingt loyal und liebevoll. Er braucht frühzeitige umfangreiche Sozialisierung und konsequente Erziehung.

Haltung: Er darf nur von Menschen gehalten werden, die sehr gute Hundekenntnisse besitzen und verantwortungsvoll mit dem Hund umgehen.

Gesundheit: HD, Ektropium, Knorpeldefekte im Wachstum, Knochenfehlstellungen, Ellenbogendysplasie, Osteochondrose (Abbau von Knochen) und Arthritis. Geifert sehr stark.

Geeignet für: Spezialisten

KURZ-INFO FCI-Gruppe 2/Nr. 197: *Pinscher und Schnauzer, Molossoide, Schweizer Sennenhunde* **Ursprungsland:** *Italien* **Größe:** *60–75 cm* **Gewicht:** *bis 70 kg* **Fell:** *kurz und dicht, hart* **Farbe:** *blaugrau, schwarz, braun, rotgelb, hirschrot, gestromt* **Lebenserwartung:** *unter 10 Jahre* **Welpenpreis:** *bis 2000 Euro*

Mops

auch: *Pug*

Verwendung: Sein Ursprung liegt sicher in China. Ab dem 17. Jahrhundert ist der Mops in Europa nachweisbar. Seither hopst er lustig schnaufend und schnarchend als idealer Wohnungshund durch unsere Behausungen. Seine Fan-Gemeinde wächst stetig.

Erziehung: 🐾🐾
Stadt: 🐾
Familie: 🐾
Pflege: 🐾🐾🐾
Beschäftigung: 🐾🐾🐾🐾

Charakter: Er kann ruhig und gleich darauf sehr wild und temperamentvoll sein. Verspielt, freundlich und intelligent, lässt er sich gut erziehen.

Haltung: Er riecht und sabbert nicht. Lange Zeit galt er als faul, dumm und fett, weil er meist so verhätschelt vorgeführt wurde. Bei vernünftiger Haltung ist er jedoch ein Schatz.

Gesundheit: Kieferfehlstellungen, Hornhautentzündungen und -geschwüre, zu langer weicher Gaumen (Schnarchen), Kollaps der Luftröhre, Schwergeburten.

Geeignet für: Anfänger

KURZ-INFO **FCI-Gruppe 9/Nr. 253:** *Gesellschafts- und Begleithunde* **Ursprungsland:** *Großbritannien* **Größe:** *25–30 cm* **Gewicht:** *6,3–8 kg* **Fell:** *glatt, dicht, glänzend, weich* **Farbe:** *silber, apricot, hellfalb, schwarz; schwarze Gesichtsmaske; Aalstrich und schwarze Schönheitsfleckchen auf Stirn und Wangen* **Lebenserwartung:** *12–14 Jahre* **Welpenpreis:** *ca. 700 Euro*

Mudi

Verwendung: Der Mudi existiert selbst in Ungarn nur in geringer Zahl. Auch sonst ist er fast unbekannt. Vor lauter Arbeit kam er nicht dazu, sich als Ausstellungshund zu zeigen. Er hütet Rinder, Pferde und Schafe und hält in seiner Freizeit auch noch den Hof von Ratten und Mäusen frei. Im Aussehen findet man aber noch Typabweichungen, da zwischendurch immer wieder Arbeitshunde ohne Ahnentafel eingekreuzt wurden.

Erziehung: 🐾
Stadt: 🐾🐾🐾🐾
Familie: 🐾
Pflege: 🐾
Beschäftigung: 🐾🐾🐾🐾

Charakter: Der Mudi ist intelligent, lernt leicht und ist wachsam, wobei er nicht so laut ist wie der Puli oder der Pumi (→ Seite 181 und 182).

Haltung: Obwohl er in privater Haltung sehr viel Beschäftigungen braucht, die nicht nur seinen Bewegungsdrang befriedigen, sondern auch seine Intelligenz fordern, genießt er auch gern das Luxusleben in der Stadt.

Gesundheit: Allgemein gesunde Zuchtbasis.

Geeignet für: Anfänger

KURZ-INFO **FCI-Gruppe 1/Nr. 238:** *Hüte- und Treibhunde*
Ursprungsland: *Ungarn* **Größe:** *37–47 cm* **Gewicht:** *8–13 kg*
Fell: *üppig, dicht, wetterfest mit Unterwolle* **Farbe:** *schwarz, selten weiß, braun, aschfarben, blue-merle* **Lebenserwartung:** *über 12 Jahre* **Welpenpreis:** *ca. 600 Euro*

Neufundländer

auch: *Newfoundland*

Verwendung: Englische Fischer brachten die Hunde von Neufundland mit und machten sie zu ihren Helfern. Sie waren so mit dem Wasser verbunden, dass sie sogar Schwimmhäute zwischen den Zehen entwickelten. Als Wasserrettungshunde haben sie sich einen Namen gemacht. In der Jugend begeistern sie durch ihre bärenhafte Tapsigkeit.

Charakter: Er ist ein liebenswürdiger, ruhiger und anpassungsfähiger Hund. Schärfe und Bissigkeit fehlen.

Haltung: Ein großer Garten oder Hof zum Umherwandern gefällt ihm, da er sich gern im Freien aufhält. Da Schwimmen seine Leidenschaft ist, muss man ihm unbedingt regelmäßig Gelegenheit dazu geben. Leider sabbert er beträchtlich.

Gesundheit: HD, Ektropium, Entropium, Herzerkrankungen, Knieprobleme, Wolfskrallen (→ Seite 18).

Geeignet für: Anfänger

Erziehung: 🐾🐾
Stadt: nein
Familie: 🐾
Pflege: 🐾🐾🐾
Beschäftigung: 🐾🐾🐾

KURZ-INFO **FCI-Gruppe 2/Nr. 50:** *Pinscher und Schnauzer, Molossoide, Schweizer Sennenhunde* **Ursprungsland:** *Kanada* **Größe:** *65–70 cm* **Gewicht:** *45–68 kg* **Fell:** *lang, schwer, flach anliegend, leicht gewellt, dichte, fettige Unterwolle* **Farbe:** *schwarz, braun, schwarzweiß* **Lebenserwartung:** *ca. 10 Jahre* **Welpenpreis:** *ca. 1000 Euro*

Norfolk Terrier

Verwendung: Die Rassen Norfolk Terrier und Norwich Terrier (→ Seite 166) haben eigentlich den gleichen Ursprung. Während beim Norfolk die Ohren hängen, stehen sie beim Norwich. Dazu wurde vor dem Kupierverbot dem Norwich noch die Rute abgeschnitten. Beide Rassen waren harte und intensive Rattenfänger. Seit 1964 sind beide getrennt anerkannt.

Erziehung: 🐾
Stadt: 🐾🐾
Familie: 🐾🐾
Pflege: 🐾🐾🐾
Beschäftigung: 🐾🐾🐾🐾

Charakter: Der Norfolk ist anpassungsfähig, aktiv und sehr neugierig. Im Gegensatz zu anderen Terriern lässt er sich leicht erziehen. Er ist lebhaft und robust, auch zärtlich und liebenswürdig und duldsam mit Kindern.

Haltung: Er will überall mit dabei sein, was keine Probleme bereitet, da er zwar sehr selbstbewusst, aber nicht rauflustig ist. Das raue Haar muss zweimal jährlich leicht getrimmt werden. Er braucht aktive, humorvolle Besitzer.

Gesundheit: Geburtsschwierigkeiten.

Geeignet für: Anfänger

KURZ-INFO FCI-Gruppe 3/Nr. 72: *Terrier* **Ursprungsland:** *Großbritannien* **Größe:** *25 cm* **Gewicht:** *5 kg* **Fell:** *hart, drahtig, gerade, dicht anliegend, mit dichter Unterwolle* **Farbe:** *rot, weizenfarben, schwarzlohfarben, grizzle* **Lebenserwartung:** *über 10 Jahre* **Welpenpreis:** *ca. 1000 Euro*

Norwegischer Elchhund grau

auch: *Norsk Elghund grå*

Verwendung: Der Norwegische Elchhund, den es auch noch in Schwarz als eigene Rasse gibt, jagt den Elch selbstständig und lautlos und stellt ihn verbellend. Der Graue ist Norwegens Nationalhund und auch als Familienhund verbreitet. Der heutige Standard wurde erst zum Ende des 19. Jahrhunderts anerkannt.

Erziehung: 🐾🐾
Stadt: nein
Familie: 🐾🐾🐾🐾
Pflege: 🐾🐾🐾
Beschäftigung: 🐾🐾🐾🐾🐾

Charakter: Der Elchhund ist menschenfreundlich und unerschrocken. Er hat eine laute Stimme, die er gern hören lässt. Kinder sind bei ihm gut aufgehoben. Er ist wachsam, aber nicht bissig. Er lässt sich gut erziehen, wird aber auf Grund seiner Selbstständigkeit nie ganz gehorsam.

Haltung: Er ist kein Hund für enge Lebensverhältnisse. Er braucht viel Beschäftigung, trotzdem wird der Jagdtrieb noch Probleme bereiten, wenn er nicht jagdlich geführt wird.

Gesundheit: Keine häufigen Krankheiten bekannt.

Geeignet für: Fortgeschrittene

KURZ-INFO **FCI-Gruppe 5/Nr. 242:** *Spitze und Hunde vom Urtyp* **Ursprungsland:** *Norwegen* **Größe:** *R 52 cm, H 40 cm* **Gewicht:** *etwa bis 15 kg* **Fell:** *dicht, wetterfest, wollig* **Farbe:** *verschiedene Grautöne* **Lebenserwartung:** *10–12 Jahre* **Welpenpreis:** *ca. 1000 Euro*

Norwich Terrier

Verwendung: Wie sein Rassebruder, der Norfolk Terrier (→ Seite 164), wurde der Norwich Terrier auch zur Fuchs- und Dachsjagd verwendet. Den Studenten in Cambridge diente er als Maskottchen. Im Gegensatz zum Norfolk hat er kleine Stehohren. Der Norwich ist einer der kleinsten Terrier.

Erziehung: 🐾 🐾
Stadt: 🐾
Familie: 🐾
Pflege: 🐾 🐾 🐾
Beschäftigung: 🐾 🐾 🐾 🐾

Charakter: Klein, aber im Wesen oho! Hart, mutig, selbstbewusst, aber doch umgänglich. Er braucht enge Bindung zum Menschen, ist leicht erziehbar und ohne Aggressionen.

Haltung: Er braucht viel Beschäftigung, am liebsten lernt er jeden Tag ein neues Kunststück. Auf weiten Spaziergängen, die er oft besser übersteht als sein Herr, ist er problemlos mit anderen Hunden. Zweimal jährlich muss der Norwich Terrier leicht getrimmt werden.

Gesundheit: Rundum eine gesunde Rasse bis auf ihre Geburtsschwierigkeiten.

Geeignet für: Anfänger

KURZ-INFO **FCI-Gruppe 3/Nr. 72:** *Terrier* **Ursprungsland:** *Großbritannien* **Größe:** *25–30 cm* **Gewicht:** *5 kg* **Fell:** *hart, drahtig, gerade, dicht anliegend, mit dichter Unterwolle* **Farbe:** *rot, weizenfarben, schwarzlohfarben, grizzle* **Lebenserwartung:** *über 10 Jahre* **Welpenpreis:** *ca. 1000 Euro*

Nova Scotia Duck Tolling Retriever

Verwendung: Seine Herkunft hat er im Namen und seine Jagdmethode auch: »Neuschottland Enten anlockender Apportierhund«. Der Jäger lässt aus dem Versteck heraus den Hund am Ufer umherlaufen, bis die

Erziehung:	🐾
Stadt:	🐾🐾🐾🐾
Familie:	🐾🐾
Pflege:	🐾
Beschäftigung:	🐾🐾🐾

neugierigen Enten nahe am Ufer sind. Dann ruft er den Hund zu sich, zeigt sich den Enten, diese fliegen auf, werden vom Jäger geschossen und vom Hund apportiert. Diese seltene Jagdmethode hatten die Indianer noch vor den Siedlern den Füchsen abgeschaut.

Charakter: Der »Toller« ist der kleinste Retriever. Diese sehr unkomplizierte Rasse ist lebhaft, verspielt, leicht erziehbar und gehorsam.

Haltung: Ein führiger Retriever, der sich auch für Turnierhundesport und Agility eignet.

Gesundheit: HD, Ellenbogendysplasie.

Geeignet für: Anfänger

KURZ-INFO **FCI-Gruppe 8/Nr. 312:** *Apportier-, Stöber- und Wasserhunde* **Ursprungsland:** *Kanada* **Größe:** *R 48–51 cm, H 45–48 cm* **Gewicht:** *R 20–23 kg, H 17–20 kg* **Fell:** *schlicht, etwas länger* **Farbe:** *verschiedene Rottöne oder orange mit weißen Abzeichen an Kopf, Brust, Pfoten und Rute* **Lebenserwartung:** *10–12 Jahre* **Welpenpreis:** *ca. 600 Euro*

Old English Sheepdog

auch: *Bobtail*

Verwendung: Einstmals ein zotthaariger, robuster, selbstbewusster Hirtenhund zum Schutz der Herden. Heute wird er hinten hochtoupiert und gepudert ausgestellt.

Erziehung: 🐾🐾
Stadt: 🐾🐾🐾🐾
Familie: 🐾🐾
Pflege: 🐾🐾🐾🐾🐾
Beschäftigung: 🐾🐾🐾🐾🐾

Charakter: Ein lebhafter, intelligenter und fröhlicher Hund mit wundervoll ausgeglichenem Wesen, wenn er aus guter Zucht kommt. Kann auch stur sein, weshalb er frühzeitig konsequent, aber mit Liebe und Geduld erzogen werden muss.

Haltung: Selbst wenn Sie Pflegefanatiker sind und sonst nichts zu tun haben, werden Sie das Haarkleid nicht am Verfilzen hindern können. Ein Großteil der privaten Bobtail-Besitzer schert den Hund regelmäßig. Die Lebensqualität dieser fröhlichen Hunde erhöht sich dadurch enorm.

Gesundheit: HD, Entropium, Nabelbrüche, Taubheit, Dickbeinigkeit, Bluterkrankheit.

Geeignet für: Fortgeschrittene

KURZ-INFO FCI-Gruppe 1/Nr. 16: *Hüte- und Treibhunde* Ursprungsland: *Großbritannien* Größe: *56–58 cm* Gewicht: *30 kg* Fell: *dicht, weich, langhaarig* Farbe: *alle Schattierungen von Grau, Blau oder Blue-merle mit oder ohne weiße Abzeichen* Lebenserwartung: *10–15 Jahre* Welpenpreis: *ca. 800 Euro*

Otterhound

Verwendung: Unter den Jagdhunden ist der Otterhound ein reiner Spezialist. Im Mittelalter jagte er in der Meute den wehrhaften Otter und verfolgte ihn schwimmend bis zu seinem Bau. Dadurch musste er sich zum hervorragenden Schwimmer entwickeln, was er heute noch ist. Noch weniger als das Wasser stört ihn aber der Schlamm. Seit der Fischotter nicht mehr gejagt werden darf, ist der Otterhound arbeitslos.

Erziehung: 🐾
Stadt: nein
Familie: 🐾🐾🐾🐾
Pflege: 🐾🐾
Beschäftigung: 🐾🐾🐾🐾🐾

Charakter: Als echter Jagdhund ist er gesellig, freundlich und unterordnungswillig. Wenn er jedoch Wasser wittert, kann er ausgesprochen stur und eigensinnig werden. Auch eiskaltes Wasser im Winter schreckt ihn nicht ab.

Haltung: Im Haus ist er ruhig und – obwohl wachsam – nicht bissig. Wegen seiner großen Jagdpassion ist er als Begleithund zu stressig und daher nicht gerade geeignet.

Gesundheit: HD, Hautprobleme.

Geeignet für: Fortgeschrittene

KURZ-INFO FCI-Gruppe 6/Nr. 294: *Lauf- und Schweißhunde* Ursprungsland: *Großbritannien* Größe: *60–67 cm* Gewicht: *40–48 kg* Fell: *fett, rau, zottig, dichte Unterwolle* Farbe: *alle Laufhundfarben* Lebenserwartung: *10 Jahre und darüber* Welpenpreis: *ca. 1000 Euro*

Papillon

auch: *Schmetterlingshündchen*

Erziehung: 🐾 🐾
Stadt: 🐾
Familie: 🐾 🐾
Pflege: 🐾 🐾 🐾 🐾
Beschäftigung: 🐾 🐾 🐾

Verwendung: Vom 12. bis 14. Jahrhundert war er aus der feinen Gesellschaft nicht wegzudenken. Hierbei handelte es sich aber noch um den hängeohrigen »Phalène« (Nachtfalter, → Seite 174). Der heutige stehohrige Papillon entstand erst im 19. Jahrhundert durch Einkreuzen von Chihuahua und Spitz.

Charakter: Intelligente, selbstbewusste, anschmiegsame Zwerge voller Temperament. Man muss sie nicht verhätscheln.

Haltung: Sie sind in der Wohnung sehr gut zu halten, lieben aber auch Spaziergänge. Wenn sie nicht rechtzeitig konsequent erzogen werden, können sie sich zu kläffenden und nervenden Despoten entwickeln.

Gesundheit: In den Blutlinien ist auf Kniescheibenluxation und Epilepsie zu achten.

Geeignet für: Fortgeschrittene

KURZ-INFO FCI-Gruppe 9/Nr. 77: *Gesellschafts- und Begleithunde* **Ursprungsland:** *Frankreich/Belgien* **Größe:** *20–29 cm* **Gewicht:** *4–4,5 kg* **Fell:** *üppig, fein, seidig; Ohren und Hinterläufe gut befedert, dichte Halskrause* **Farbe:** *auf weißem Grund alle Farben zulässig; am Körper Weiß vorherrschend, farbiger Kopf mit Blesse* **Lebenserwartung:** *12–15 Jahre* **Welpenpreis:** *ca. 600 Euro*

Parson Jack Russell Terrier

auch: *Parson Russell Terrier*

Verwendung: Mitte 1800 züchtete der Jäger und Pfarrer Parson Russell weißbunte Jagdterrier ohne Papiere nur auf Leistung. Das blieb so, bis sich um 1980 »Züchter« der Sache annahmen. Inzwischen sind sie in zwei Größen anerkannt.

Erziehung:	🐾🐾🐾
Stadt:	🐾🐾🐾
Familie:	🐾🐾
Pflege:	🐾🐾
Beschäftigung:	🐾🐾🐾🐾🐾

Charakter: Äußerst lebhafte, schneidige und draufgängerische Hunde. Ihre Selbstständigkeit und ihr fast sturer Durchsetzungswille macht sie nicht gerade zum führigen Begleithund.

Haltung: Kann der Terrier in und um die Reitställe frei seinen Interessen nachgehen, hat er mit seinem Halter kein Problem. Kein Hund für Stubenhocker oder nervöse Pedanten.

Gesundheit: In wilden Zuchten können Linsenluxation und erblicher Star auftreten.

Geeignet für: Fortgeschrittene

KURZ-INFO **FCI-Gruppe 3/Nr. 339:** *Parson Russell Terrier (PR)*, **Nr. 345:** *Jack Russell Terrier (JR)* **Ursprungsland:** *Großbritannien* **Größe:** *PR 33–35 cm, JR 25–30 cm* **Gewicht:** *PR 4–8 kg, JR 5–6 kg* **Fell:** *beide kurz, dicht, glatt, glänzend; auch rauhaarig, dicht, hart, drahtig* **Farbe:** *PR weiß mit braunen und/oder schwarzen Abzeichen an Kopf und/oder Rutenansatz; JR weiß mit braunen oder schwarzen Abzeichen* **Lebenserwartung:** *beide 12–14 Jahre* **Welpenpreis:** *beide 600–700 Euro*

Pekingese

auch: *Peking Palasthund*

Verwendung: Angeblich sollen sie Buddha schon begleitet und sich bei Gefahr in Löwen verwandelt haben. Fest steht, dass sie nur im Kaiserpalast gehalten und gezüchtet wurden, der Diebstahl eines solchen Hundes bedeutete den Tod.

Erziehung: 🐾🐾🐾🐾
Stadt: 🐾
Familie: 🐾🐾🐾
Pflege: 🐾🐾🐾🐾
Beschäftigung: 🐾🐾🐾

Charakter: Er gewährt gnädig seine Freundlichkeit. Sein aufbrausendes Wesen kann er aber auch in Wutanfällen zeigen. Von seinen blitzschnellen Bissen können Tierärzte ein Lied singen. Er ist selbstbewusst und niemals unterwürfig.

Haltung: Man kommt mit ihm aus, solange man ihn als Pascha anerkennt und respektiert. Man kann ihn nämlich so gut wie nicht erziehen. Ohne großes Laufbedürfnis ist er als Einmannhund sicher glücklicher denn als Familienhund.

Gesundheit: Augapfelvorfall, Hornhautgeschwüre, Wasserkopf, Geburtsschwierigkeiten, Herz- und Gefäßmissbildungen, Harnsteine, Kurzatmigkeit, Wolfsrachen.

Geeignet für: Fortgeschrittene

KURZ-INFO **FCI-Gruppe 9/Nr. 207:** *Gesellschafts- und Begleithunde* **Ursprungsland:** *China (GB)* **Größe:** *bis 25 cm* **Gewicht:** *4,5–6 kg* **Fell:** *lang, gerade, üppig, ausgeprägte Mähne um den Hals* **Farbe:** *alle außer Albino und leberfarben* **Lebenserwartung:** *bis 14 Jahre* **Welpenpreis:** *700–900 Euro*

Petit Basset Griffon Vendéen

Verwendung: Eine der vier französischen Niederlaufhunderassen, die durch eine erbliche Knochenverkürzung (Chondrodystrophia fetalis) keine Kleinhunde, sondern große Hunde mit kurzen Beinen sind. Basset geht auf das französische »bas« (= tief, niedrig) zurück.

Erziehung: 🐾🐾🐾
Stadt: 🐾🐾🐾🐾
Familie: 🐾
Pflege: 🐾🐾
Beschäftigung: 🐾🐾🐾🐾

Charakter: Sanft, immer gut gelaunt und unkompliziert. Er ist einigermaßen gut erziehbar, im Freien aber nicht besonders folgsam. Robust und manchmal so ruppig, wie er aussieht.

Haltung: Beim Spaziergang bedarf er der Aufsicht und im Einzelfall der Absicherung mit der langen Leine, weil er leidenschaftlich der Jagd frönt. Trotz seiner Kleinheit hat er eine erstaunlich große Stimme.

Gesundheit: Weitgehend frei von Erbkrankheiten.

Geeignet für: Fortgeschrittene

KURZ-INFO **FCI-Gruppe 6/Nr. 67:** *Lauf- und Schweißhunde* **Ursprungsland:** *Frankreich* **Größe:** *34–38 cm* **Gewicht:** *15–20 kg* **Fell:** *lang, fühlt sich hart an, dicke Unterwolle* **Farbe:** *einfarbig: hasenfarben oder weißgrau; zweifarbig: weißorange, weißschwarz, weißgrau, weiß und lohfarben; dreifarbig: weiß, schwarz, lohfarben; weiß, hasenfarben, lohfarben; weiß, grau, lohfarben* **Lebenserwartung:** *über 10 Jahre* **Welpenpreis:** *ca. 600 Euro*

Phalène

auch: *Nachtfalter*

Verwendung: Der Kontinentale Zwergspaniel war ab dem 12. Jahrhundert bis zur Französischen Revolution, wo er beinahe ausgerottet wurde, der beliebteste Schoßhund. Es war nur hoch angesehenen Persönlichkeiten (z. B. Rubens) vorbehalten, einen solchen Hund zu besitzen.

Charakter: Der Phalène ist ein ernst zu nehmender, intelligenter, selbstbewusster Zwerghund, der anschmiegsam und liebevoll ist. Für kleinere, unvernünftige Kinder ungeeignet.

Haltung: Man muss keine großen Spaziergänge mit ihm machen, obwohl er auch gern draußen ist Konsequente Erziehung ist notwendig, weil er sonst ein zickiger Tyrann wird.

Gesundheit: In den Blutlinien ist auf Kniescheibenluxation und Epilepsie zu achten.

Geeignet für: Fortgeschrittene

Erziehung: 🐾 🐾
Stadt: 🐾
Familie: 🐾 🐾
Pflege: 🐾 🐾 🐾 🐾
Beschäftigung: 🐾 🐾 🐾

KURZ-INFO FCI-Gruppe 9/Nr. 77: *Gesellschafts- und Begleithunde* **Ursprungsland:** *Frankreich/Belgien* **Größe:** *20–29 cm* **Gewicht:** *4–4,5 kg* **Fell:** *üppig, fein seidig; Ohren und Hinterläufe gut befedert, dichte Halskrause auf weißem Grund* **Farbe:** *alle Farben zulässig; am Körper Weiß vorherrschend, farbiger Kopf mit Blesse* **Lebenserwartung:** *12–15 Jahre* **Welpenpreis:** *ca. 600 Euro*

Pharaoh Hound

auch: *Pharaonenhund, Kelb Tal Fenek*

Erziehung: 🐾🐾
Stadt: 🐾🐾🐾🐾🐾
Familie: 🐾🐾🐾
Pflege: 🐾
Beschäftigung: 🐾🐾🐾🐾🐾

Verwendung: Jagdhunde vom Typ des Pharaonenhundes gab es schon vor 5000 Jahren im Nahen Osten. Zur Zeit Kleopatras wurden die Hunde durch die Römer im ganzen Mittelmeergebiet verbreitet. Etwa um 1960 wurde der herrliche Hund von den Züchtern wieder entdeckt.

Charakter: Freundlich und liebevoll, sucht im Gegensatz zu den meisten anderen Windhunden die Nähe zu seinen Menschen. Leicht zu erziehen, will immer im Mittelpunkt stehen.

Haltung: Er jagt nicht nur mit Augen und Nase, sondern auch mit dem Gehör. Dementsprechend muss er im Freien abgesichert werden. Die Höhe des Zaunes muss sich nach seiner Sprungkraft richten. Im Haus ist er sehr sauber und reinlich.

Gesundheit: Seine Empfindlichkeit erstreckt sich auf viele Medikamente, Insekten- und Narkosemittel.

Geeignet für: Fortgeschrittene

KURZ-INFO **FCI-Gruppe 5/Nr. 248:** *Spitze und Hunde vom Urtyp* **Ursprungsland:** *Malta (GB)* **Größe:** *53–63 cm* **Gewicht:** *20–25 kg* **Fell:** *kurz, glatt, glänzend* **Farbe:** *alle Farben von leuchtender Lohfarbe bis Kastanie mit verschiedenen weißen Abzeichen* **Lebenserwartung:** *15–17 Jahre* **Welpenpreis:** *ca. 1000 Euro*

Pinscher

auch: *Deutscher Pinscher*

Verwendung: Bevor der Schnauzer (→ Seite 193) »erfunden« wurde, gab es nur rau- und glatthaarige Pinscher. Wenn sich 1956 der Pinscher und Schnauzer Klub nicht so intensiv um den Pinscher gekümmert hätte, wäre er ausgestorben. Dabei macht er figürlich mehr her als sein vom Friseur zurechtgezupfter Bruder. Es kann aber auch nur am Namen liegen.

Charakter: Ein aufmerksamer, robuster und ausbildungsfähiger Hund mit schneidigem Temperament. Gutartig, anhänglich und spielfreudig. Er ist wachsam, aber kein Kläffer.

Haltung: Er ist sehr sportlich, daher braucht er seine sportliche Beschäftigung: Turnierhundesport oder Agility.

Gesundheit: Er hat keine ernsthaften Gesundheitsprobleme.

Geeignet für: Anfänger

Erziehung: 🐾
Stadt: 🐾🐾
Familie: 🐾🐾🐾
Pflege: 🐾🐾
Beschäftigung: 🐾🐾🐾🐾

KURZ-INFO FCI-Gruppe 2/Nr. 184: *Pinscher und Schnauzer, Molossoide, Schweizer Sennenhunde* **Ursprungsland:** *Deutschland* **Größe:** *40–48 cm* **Gewicht:** *11–16 kg* **Fell:** *kurz, hart, kräftig, glänzend, anliegend* **Farbe:** *einfarbig schwarz, schwarz mit lohfarbenen Abzeichen, rehbraun bis hirschrot, braun, schokoladenfarben, blaugrau mit roten oder gelben Abzeichen, Pfeffer und Salz* **Lebenserwartung:** *12–15 Jahre* **Welpenpreis:** *ca. 700 Euro*

Podenco Ibicenco

Verwendung: Als Nachfahre des alten Pharaonenhundes (→ Seite 175) hat sich der Podenco auf den Balearen-inseln als Jagdhund hauptsächlich auf Kaninchen erhalten. Der Podenco jagt primär mit den Augen und mit der Nase, und er apportiert das Kaninchen, ohne es »anzu-schneiden«, das heißt zu verletzen.

Erziehung: 🐾🐾🐾
Stadt: 🐾🐾🐾🐾🐾
Familie: 🐾🐾
Pflege: 🐾
Beschäftigung: 🐾🐾🐾🐾

Charakter: Podencos sind im Haus ausgesprochen sauber und unaufdringlich, brauchen aber den Kontakt mit dem Menschen, da sie sich sonst zurückziehen. Fremden gegenüber sind sie zunächst reserviert, manchmal sogar abweisend. Sie lernen sehr rasch.

Haltung: Im Freien sind sie sehr schnell, und ihr Jagdtrieb verlangt strenge Aufsicht und Absicherung. Ihre Sprungkraft ohne Anlauf ist enorm. Da die Podencos Jagdhunde sind, brauchen sie viel Bewegung und Beschäftigung.

Gesundheit: Ernsthafte erbliche Probleme sind sehr selten.

Geeignet für: Fortgeschrittene

KURZ-INFO **FCI-Gruppe 5/Nr. 89:** *Spitze und Hunde vom Urtyp* **Ursprungsland:** *Spanien* **Größe:** *57–66 cm* **Gewicht:** *19–22,5 kg* **Fell:** *Kurzhaar oder Rauhaar, glatt, hart, dicht, eng anliegend* **Farbe:** *weiß und rot, einfarbig weiß oder einfarbig rot* **Lebenserwartung:** *bis 13 Jahre* **Welpenpreis:** *ca. 800 Euro*

Pointer

auch: *English Pointer*

Verwendung: Der Spezialist Pointer stöbert mit hoher Geschwindigkeit das Jagdgelände hauptsächlich nach Federwild ab und zeigt es (englisch »to point« = anzeigen) durch seine typische Pose an. Der Typ des heutigen Pointers wurde im 19. Jahrhundert fixiert.

Erziehung: 🐾
Stadt: nein
Familie: 🐾 🐾
Pflege: 🐾
Beschäftigung: 🐾 🐾 🐾 🐾

Charakter: Der Pointer ist ein leidenschaftlicher, temperamentvoller, ausdauernder und nerviger Vollblutjagdhund. Er ist liebenswert und freundlich.

Haltung: Trotz dieser positiven Wesenseigenschaften ist er als Familien- und Haushund ohne jagdliche Beschäftigung nicht geeignet. Sein Arbeits- und sein Bewegungsbedürfnis sind so groß, dass er auch durch Ersatzbeschäftigungen nicht befriedigt werden kann.

Gesundheit: HD, Hautprobleme, Schilddrüsenerkrankungen.

Geeignet für: Spezialisten

KURZ-INFO **FCI-Gruppe 7/Nr. 1:** *Vorstehhunde* **Ursprungsland:** *Großbritannien* **Größe:** *R 63–71 cm, H 58–66 cm* **Gewicht:** *20–32 kg* **Fell:** *fein, kurz, glatt anliegend, glänzend* **Farbe:** *weiß mit gelben, orangefarbenen, leberfarbenen oder schwarzen Flecken* **Lebenserwartung:** *um die 10 Jahre* **Welpenpreis:** *ca. 500 Euro*

Polski Owczarek Nizinny

auch: : *PON*

Verwendung: Der PON wurde nach 1945 aus polnischen Niederungs-Hütehunden herausgezüchtet, die ihm gleichzeitig den Namen gaben. Seit 1963 ist die Rasse international anerkannt und findet auch bei uns immer mehr Liebhaber. Sein Zuchtverband ist sehr streng und hat es geschafft, dass der PON bis jetzt nicht vermarktet wurde.

Erziehung: 🐾
Stadt: 🐾 🐾 🐾
Familie: 🐾 🐾
Pflege: 🐾 🐾 🐾 🐾 🐾
Beschäftigung: 🐾 🐾 🐾 🐾 🐾

Charakter: Er ist ein zuverlässiger Wächter und Beschützer, aber nicht bissig. Selbstbewusst und temperamentvoll beteiligt er sich an den Spielen der Kinder. Absolute Unterordnung zeigt er aber nur bei seinem anerkannten Rudelführer.

Haltung: Als früherer Hütehund verlangt der PON klare Regeln bei der Führung. Konsequente Früherziehung ist notwendig. Sportliche Beschäftigung hilft ihm, sein ausgeglichenes Wesen zu zeigen.

Gesundheit: Progressive Retinaatrophie (PRA), HD.

Geeignet für: Anfänger

KURZ-INFO **FCI-Gruppe 1/Nr. 251:** *Hüte- und Treibhunde*
Ursprungsland: *Polen* **Größe:** *R 45–50 cm, H 42–47 cm*
Gewicht: *ca. 15 kg* **Fell:** *lang, dick, zottig, neigt zum Verfilzen*
Farbe: *alle Farben, auch Schecken (außer Merle-Faktor)* **Lebenserwartung:** *12 Jahre und mehr* **Welpenpreis:** *ca. 800 Euro*

179

Pudelpointer

Verwendung: Der Zufall wollte es, dass der Großpudelrüde eines an einem Manöver teilnehmenden Offiziers im nahen Dorf eine braune Pointerhündin deckte. Das Ergebnis führte zum Ursprung des Pudelpointers. Diese neue Rasse wurde federführend von Freiherr von Zedlitz, einem Jagdschriftsteller, unter dem Pseudonym Hegewald weiter ausgebaut. Obwohl der Pudelpointer in der Leistung fast alle Vorstehhunde übertrifft, ist er leider sehr selten.

Erziehung: 🐾
Stadt: nein
Familie: 🐾🐾
Pflege: 🐾🐾
Beschäftigung: 🐾🐾🐾🐾

Charakter: Aus guter Zucht wesensfest und temperamentvoll. Er besitzt natürliche Schärfe und hervorragende Nasenveranlagung. Er lernt sehr schnell und ist sehr apportierfreudig. Das Wasser ist sein Element.

Haltung: Nur wenn er jagdlich geführt wird, ist er ein ausgeglichener Hausgenosse. Ohne aufwändige Beschäftigung wird er zum Problem.

Gesundheit: Selten Hüftgelenksdysplasie (HD).

Geeignet für: Er gehört nur in die Hand des Jägers

KURZ-INFO FCI-Gruppe 7/Nr. 216: *Vorstehhunde*
Ursprungsland: *Deutschland* **Größe:** *R 60–68 cm, H 55–63 cm*
Gewicht: *25–35 kg* **Fell:** *mittellang, drahtig hart* **Farbe:** *leberbraun bis dürrlaubfarben* **Lebenserwartung:** *12–14 Jahre*
Welpenpreis: *ca. 700 Euro*

Puli

Verwendung: Es gibt Leute, die behaupten, der Puli sei der intelligenteste Hütehund der Welt. Auf alle Fälle ist es bestimmt der vielseitigste und nach seinem Äußeren zusammen mit dem Komondor der außergewöhnlichste. Angeblich kommt er aus Indien oder Tibet.

Erziehung: 🐾🐾
Stadt: 🐾🐾🐾🐾🐾
Familie: 🐾🐾
Pflege: 🐾🐾🐾🐾🐾
Beschäftigung: 🐾🐾🐾🐾🐾

Charakter: Er ist den ganzen Tag aktiv und will alles hüten, was sich in seinem Umfeld bewegt. Auch als Wachhund ist er sehr gewissenhaft. Er braucht aber unbedingt engen Kontakt zu seiner Familie.

Haltung: Für die Stadt ist er nicht geeignet, denn er braucht viel Natur, Wind und Wetter und andere Tiere. Wollte man ihn ersatzweise im Sport (Turnierhundesport oder Agility) beschäftigen, müsste man ihn einfach scheren, was übrigens die Schäfer auch zusammen mit den Schafen machen.

Gesundheit: Über typische Krankheiten ist nichts bekannt.

Geeignet für: Fortgeschrittene

KURZ-INFO FCI-Gruppe 1/Nr. 55: *Hüte- und Treibhunde* **Ursprungsland:** *Ungarn* **Größe:** *40,5–43 cm* **Gewicht:** *13–15 kg* **Fell:** *lange, schmale Schnüren- und Filzplatten, die den ganzen Körper bedecken* **Farbe:** *schwarz mit Rost- oder Reifanflug, weiß, grau, falb und maskenfalb* **Lebenserwartung:** *mehr als 15 Jahre* **Welpenpreis:** *ca. 900 Euro*

Pumi

Verwendung: Als die Ungarn Merinoschafe importierten, weil sie sich mit ihnen höhere Gewinne versprachen, kamen mit diesen Schafen auch fremde Hütehunde ins Land und vermischten sich mit den einheimischen Hunden. Erst Anfang des 20. Jahrhunderts wurde der Pumi als eigenständige, vielseitige Rasse respektiert. Heute ist er noch auf den ungarischen Bauernhöfen häufig anzutreffen. Außerhalb Ungarns ist er kaum bekannt.

Erziehung: 🐾🐾
Stadt: 🐾🐾🐾🐾🐾
Familie: 🐾🐾
Pflege: 🐾🐾
Beschäftigung: 🐾🐾🐾🐾

Charakter: Er ist ein kluger, anpassungsfähiger Arbeitshund, aufmerksam und wachsam. Er will überall mit dabei sein und aktiv mitwirken.

Haltung: Der sehr aktive Arbeitshund eignet sich nicht für ruhige, inaktive Hundehalter. Seine Bellfreudigkeit verlangt auch gute Nerven. Als Begleithund ist er nur für Menschen geeignet, die mit ihm sehr aktiv viel Freizeit gestalten können.

Gesundheit: Keine besonderen Krankheiten bekannt.

Geeignet für: Fortgeschrittene

KURZ-INFO **FCI-Gruppe 1/Nr. 56:** *Hüte- und Treibhunde*
Ursprungsland: *Ungarn* **Größe:** *34–44 cm* **Gewicht:** *8–13 kg*
Fell: *kurz, gelockt mit viel Unterwolle* **Farbe:** *weiß, schwarz, grau, rötlich braun* **Lebenserwartung:** *12–14 Jahre* **Welpenpreis:** *etwa 400–500 Euro*

Pyrenäen-Berghund

auch: *Chien de Montagne des Pyrénées*

Verwendung: Unter den bekannten Herdenschutzhunden ist er der größte. In den Bergregionen der Pyrenäen schützt er zuverlässig die Herden.

Erziehung:	🐾🐾🐾
Stadt:	nein
Familie:	🐾🐾🐾
Pflege:	🐾🐾🐾🐾
Beschäftigung:	🐾🐾🐾

Schon in den vergangenen Jahrhunderten wurde der schöne Hund als Renommierhund des Adels und wohlhabender Bürger gehalten. Heute setzt sich dieser Trend fort.

Charakter: Nur(!) innerhalb der eigenen Familie ist er freundlich, anschmiegsam und ruhig. Da er als Herdenschutz(!)-Hund selbstständiges Handeln gewohnt ist, braucht er eine konsequente, wissende Früherziehung ohne sinnlose Gewalt.

Haltung: Er braucht den Aufenthalt im Freien bei jeder Temperatur und viel Raum in und außerhalb des Hauses. Sein Fell bedarf der Pflege.

Gesundheit: HD, Ellenbogendysplasie.

Geeignet für: Fortgeschrittene

KURZ-INFO **FCI-Gruppe 2/Nr. 137:** *Pinscher und Schnauzer, Molossoide, Schweizer Sennenhunde* **Ursprungsland:** *Frankreich* **Größe:** *R 68,5–81 cm, H 63,5–74 cm* **Gewicht:** *40–56 kg* **Fell:** *doppelt, sehr dicht, lang oder halblang, an Hals, Rute und Hosen etwas länger* **Farbe:** *weiß* **Lebenserwartung:** *bis 15 Jahre* **Welpenpreis:** *ca. 1000 Euro*

Rhodesian Ridgeback

auch: *Löwenhund*

Verwendung: Sein Name kommt von einem Streifen entlang der Wirbelsäule, auf dem die Haare in verkehrter Richtung wachsen. Er war der Hund der Hottentotten in Afrika.

Erziehung:	🐾🐾
Stadt:	nein
Familie:	🐾
Pflege:	🐾
Beschäftigung:	🐾🐾🐾🐾

Erst die weißen Siedler verfeinerten sein Aussehen durch Einkreuzen von Airedale Terrier, Collie und Bloodhound. In der Folgezeit wurde er zur Löwenjagd verwendet, wobei er den Löwen so in die Enge trieb, dass ihn der Jäger erlegen konnte.

Charakter: Intelligent, anpassungsfähig, kräftig und temperamentvoll. Braucht konsequente, aber fein abwägende Erziehung, da er als Spätentwickler auch empfindlich sein kann.

Haltung: Man darf nicht vergessen, dass er ein Jagdhund ist, der viel artgerechte Ersatzbeschäftigung braucht. Ein idealer Hund für aktive Menschen mit Hundeverstand.

Gesundheit: Dermoid Sinus (Kanal ober- und/oder unterhalb des Ridge, der in Richtung Wirbelsäule wächst), HD.

Geeignet für: Fortgeschrittene

KURZ-INFO FCI-Gruppe 6/Nr. 146: *Lauf- und Schweißhunde* **Ursprungsland:** *Südafrika* **Größe:** *61–69 cm* **Gewicht:** *29–34 kg* **Fell:** *kurz, dicht, glatt, glänzend* **Farbe:** *weizengelb bis fuchsrot* **Lebenserwartung:** *12–14 Jahre* **Welpenpreis:** *900–1200 Euro*

Riesenschnauzer

Verwendung: Im 19. Jahrhundert entwickelte sich die Rasse aus Metzger- und Bauernhunden. Welche Hunde in ihm schlummern, kann man nicht mehr nachvollziehen. Er hieß Russenschnauzer, Bärenschnauzer, Münchner Schnauzer und im Münchner »Bierkrieg«, als er die Brauereiwagen bewachte, Bierschnauzer.

Erziehung:	🐾🐾
Stadt:	🐾🐾🐾
Familie:	🐾🐾
Pflege:	🐾🐾🐾🐾
Beschäftigung:	🐾🐾🐾🐾🐾

Charakter: Kann wie der Mittelschnauzer ein temperamentvoller Draufgänger, aber auch ruhig und ausgeglichen sein. Er hat einen angeborenen Schutztrieb, den er selbstständig einsetzt, wenn es notwendig ist. So rau sein Äußeres wirkt, so gutartig und weich kann er auch sein.

Haltung: Er muss regelmäßig getrimmt werden, sonst wird er wieder zum Bärenschnauzer. Mit der entsprechenden Führung kann er im Sport hervorragend abschneiden, ist aber nicht als leichtführig zu bezeichnen.

Gesundheit: HD, Knieerkrankungen.

Geeignet für: Fortgeschrittene

KURZ-INFO **FCI-Gruppe 2/Nr. 81:** *Pinscher und Schnauzer, Molossoide, Schweizer Sennenhunde* **Ursprungsland:** *Deutschland* **Größe:** *65–70 cm* **Gewicht:** *ca. 35 kg* **Fell:** *drahtig, hart mit weicher Unterwolle* **Farbe:** *schwarz, Pfeffer und Salz* **Lebenserwartung:** *10–12 Jahre* **Welpenpreis:** *ca. 800 Euro*

Rottweiler

Verwendung: Der ehemalige Treibhund aus Rottweil in Schwaben half
den Metzgern, das Vieh in den
Schlachthof zu treiben. Eingespannt
transportierte er die verschiedensten
Dinge. Leider kam dieser herrliche

Erziehung: 🐾
Stadt: 🐾 🐾 🐾 🐾
Familie: 🐾
Pflege: 🐾
Beschäftigung: 🐾 🐾 🐾 🐾 🐾

Hund in den letzten Jahrzehnten immer mehr in Verruf, weil
er häufig in den Händen von Menschen war, die ihn als Beiß-
maschine ausbildeten und rücksichtslos mit ihm auftraten.
Charakter: Der Rottweiler aus guter Zucht ist nervenfest, an-
hänglich und arbeitsfreudig. Hat eine mittlere bis hohe Reiz-
schwelle und liebt seine Menschen. Er neigt zur Dominanz.
Haltung: Er braucht frühzeitige Sozialisierung und engsten
Familienanschluss. In verantwortungsvollen Händen nach wie
vor nicht gefährlicher als jeder andere Hund gleicher Größe.
Gesundheit: Hüftgelenksdysplasie (HD), Herzprobleme,
Kreislaufschwäche bei Belastung, Kreuzbandrisse.
Geeignet für: Fortgeschrittene

KURZ-INFO FCI-Gruppe 2/**Nr. 147:** *Pinscher und Schnauzer,
Molossoide, Schweizer Sennenhunde* **Ursprungsland:**
Deutschland **Größe:** *R 61–68 cm, H 56–63 cm* **Gewicht:** *42–
50 kg* **Fell:** *derb, kurz anliegend* **Farbe:** *schwarz mit rotbraunen Abzeichen* **Lebenserwartung**: *über 10 Jahre* **Welpenpreis:**
ca. 800 Euro

Saarloos Wolfhond

Verwendung: Der frühere Schiffs-koch, Leendert Saarloos, ein Hunde-narr aus den Niederlanden, wollte Anfang des 20. Jahrhunderts durch Kreuzen seines Deutschen Schäfer-hundes und einer Wölfin eine Hunderasse züchten, die alle körperlichen und psychischen Fähigkeiten des Wolfes hat.

Erziehung: 🐾🐾🐾
Stadt: nein
Familie: 🐾🐾🐾🐾
Pflege: 🐾
Beschäftigung: 🐾🐾🐾🐾🐾

Charakter: Aus diesem fragwürdigen Experiment sind Hunde entstanden, bei denen das Wolfsverhalten noch stark zu er-kennen ist. Sehr misstrauisch und allem Fremden gegenüber vorsichtig. Wolfshunde sind sehr intelligent, haben schärfere Sinne und ein besseres Reaktionsvermögen als Hunde.

Haltung: Der Saarloos erfordert eine ausbruchssichere Unter-bringung, zudem muss sein Besitzer ausreichende Kenntnisse im Wolf- und Hundeverhalten haben.

Gesundheit: Keine speziellen Krankheiten bekannt.

Geeignet für: Spezialisten

KURZ-INFO FCI-Gruppe 1/Nr. 311: *Hüte- und Treibhunde* **Ursprungsland:** *Niederlande* **Größe:** *65–70 cm* **Gewicht:** *30–40 kg* **Fell:** *Stockhaar mit Unterwolle, kürzer und glatter als beim Wolf* **Farbe:** *braun und graugrundig wolfsfarben, hell cremefarben bis weiß* **Lebenserwartung:** *12–14 Jahre* **Welpenpreis:** *ca. 1000 Euro*

Saluki

auch: *Tazi*

Verwendung: Angeblich gibt es den Saluki in der heutigen Form schon seit Jahrtausenden im gesamten Orient. Mit arabischen Pferden kam er um 1700 nach England und von dort aus in das kontinentale Europa.

Erziehung: 🐾🐾🐾
Stadt: nein
Familie: 🐾🐾🐾
Pflege: 🐾
Beschäftigung: 🐾🐾🐾🐾

Charakter: Ein sehr stiller und vornehm wirkender Hund, der sich sehr an seinen Herrn bindet. Kinder sind nicht ganz sein Fall. Er ist ziemlich stur und eigenwillig. Zusätzlich ist er sensibel, oft sehr ängstlich und schreckhaft.

Haltung: Dieser sehr schnelle Hund muss entsprechend bewegt werden, was in den speziellen Rennvereinen einen ziemlichen Aufwand bedeutet. Erlernte Gehorsamsübungen können ihn im Wesen etwas sicherer machen.

Gesundheit: Durch Stress können psychosomatische Krankheiten entstehen, z. B. an der Haut oder im Verdauungssystem.

Geeignet für: Fortgeschrittene

KURZ-INFO **FCI-Gruppe 10/Nr. 269:** *Windhunde*
Ursprungsland: *Mittlerer Osten* **Größe:** *58,5–71 cm* **Gewicht:** *13–30 kg* **Fell:** *glatt, seidig, mit oder ohne Befederung der Läufe und der Unterseite der Rute* **Farbe:** *alle Farben und Farbkombinationen sind zulässig* **Lebenserwartung:** *13–16 Jahre* **Welpenpreis:** *ca. 1000 Euro*

Samojede

auch: *Samoiedskaia Sabaka*

Verwendung: Die Samojeden, ein Volksstamm in Nordrussland, benützten laut Reiseberichten aus dem 18. Jahrhundert weiße Spitze zur Jagd, als Schlittenhunde und zum Hüten der Rentierherden. Amundsen verließ sich bei seinen Expeditionen in brenzligen Situationen immer auf den Überlebensinstinkt dieser Hunde.

Charakter: Samojeden sind nicht so aggressiv anderen Hunden gegenüber wie die anderen Schlittenhunderassen. Sie sind sanft und lieben Menschen und besonders Kinder. Folgsam, anhänglich, brauchen engen Kontakt zum Menschen.

Haltung: Samojeden wollen beschäftigt sein und wollen sich viel bewegen. Der selbstbewusste Hund braucht eine konsequente, aber gewaltlose Erziehung.

Gesundheit: HD, Taubheit, Progressive Retinaatrophie (PRA).

Geeignet für: Anfänger

Erziehung:	🐾🐾🐾
Stadt:	🐾🐾🐾🐾🐾
Familie:	🐾
Pflege:	🐾🐾🐾🐾🐾
Beschäftigung:	🐾🐾🐾🐾

KURZ-INFO **FCI-Gruppe 5/Nr. 212:** *Spitze und Hunde vom Urtyp* **Ursprungsland:** *Russland* **Größe:** *50–55 cm* **Gewicht:** *20–30 kg* **Fell:** *weich, mittellang, mit dichtem, wolligem Unterfell und härterem, wetterfestem Deckhaar* **Farbe:** *weiß, cremefarben* **Lebenserwartung:** *über 10 Jahre* **Welpenpreis:** *ca. 800 Euro*

Sarplaninac

auch: *Jugoslawischer Schäferhund,*
früher: *Illyrischer Schäferhund*
Verwendung: Seine Aufgaben waren
seit jeher selbstständiges Bewachen
und Schützen der Herden. Im Dorf
beschützte er Haus und Hof. Wegen

Erziehung: 🐾 🐾 🐾
Stadt: nein
Familie: 🐾 🐾 🐾
Pflege: 🐾 🐾 🐾
Beschäftigung: 🐾 🐾 🐾

seiner Schärfe und Härte wird er in Jugoslawien für militäri-
sche und polizeiliche Zwecke gezüchtet.
Charakter: Er ist ein ernster, selbstständig handelnder Hund.
Er ist seiner Familie gegenüber aber ein absolut treuer und
anhänglicher Beschützer. Trotz der notwendigen konsequenten Erziehung wird er nie ein absolut gehorsamer Hund.
Haltung: Er braucht das allein stehende, eingezäunte Gehöft,
wo er nicht den ganzen Tag im Bewachungsstress lebt. Er liebt
den Aufenthalt im Freien mit Familienanschluss.
Gesundheit: Hüftgelenksdysplasie (HD).
Geeignet für: Spezialisten

KURZ-INFO **FCI-Gruppe 2/Nr. 41:** *Pinscher und Schnauzer,
Molossoide, Schweizer Sennenhunde* **Ursprungsland:** *Make-
donien/Jugoslawien* **Größe:** *R ab 62 cm, H ab 58 cm* **Gewicht:**
R 35–45 kg, H 30–40 kg **Fell:** *lang, dicht, hart mit dichter Unterwolle* **Farbe:** *einfarbig weiß bis schwarz, erwünscht eisen-
grau und dunkelgrau* **Lebenserwartung:** *10–12 Jahre* **Welpenpreis:** *ca. 800 Euro*

Schapendoes

Verwendung: Der Schapendoes, (übersetzt: »Schafpudel«), der frühere Hütehund der Heideregionen, war in Holland schon fast vergessen und wurde als Rasse gerade noch gerettet, als 1940 die holländischen Hütehunderassen katalogisiert wurden. Mit Hilfe erfahrener Züchter und Genetiker wurde aus den Restbeständen der heutige Schapendoes geschaffen. 1968 wurde die Rasse anerkannt.

Erziehung:	🐾
Stadt:	🐾🐾🐾
Familie:	🐾
Pflege:	🐾🐾🐾
Beschäftigung:	🐾🐾🐾🐾🐾

Charakter: Ein freundlicher, verspielter, lebhafter Familienhund. Er ist wachsam, ohne bissig zu sein. Im Haus ist er ausgeglichen und nicht nervös. Bei seiner Erziehung braucht man Geduld und Konsequenz, weil er als Hütehund selbstständiges Entscheiden gewohnt ist.

Haltung: Seine Arbeitsbereitschaft und sein Temperament verlangen gezielte und ausreichende Beschäftigung im Turnierhundesport und Agility.

Gesundheit: Keine spezifischen Krankheiten bekannt.

Geeignet für: Anfänger

KURZ-INFO **FCI-Gruppe 1/Nr. 313:** *Hüte- und Treibhunde* **Ursprungsland:** *Niederlande* **Größe:** *40–50 cm* **Gewicht:** *ca. 15 kg* **Fell:** *mittellanges Zotthaar mit Unterwolle* **Farbe:** *alle Farben zulässig* **Lebenserwartung:** *über 10 Jahre* **Welpenpreis:** *850–1100 Euro*

Schipperke

Verwendung: Ob der oder das Schipperke ein Spitz oder ein Schäferhund ist, darüber sind sich die Kynologen nicht einig. Anatomisch gesehen handelt es sich eher um einen Spitz. Das flämische Wort »Scheperke« heißt

Erziehung:	🐾
Stadt:	🐾 🐾
Familie:	🐾
Pflege:	🐾
Beschäftigung:	🐾 🐾 🐾

übersetzt »kleiner Schäferhund«. Im Allgemeinen wird heute aber das Wort Schipperke mit Schifferspitz übersetzt, weil er auch vielfach bei den Schiffern auf den Schleppkähnen als Wachhund sowie Ratten- und Mäusevernichter zu Hause war.
Charakter: Er ist ein munterer, lebendiger, aufmerksamer Hund, der in der Familie mit den Kindern sehr duldsam ist. Er ist wachsam und bellfreudig. Sehr gelehrig und anhänglich. Fremde mag er nicht.
Haltung: Wegen seiner gesunden Zierlichkeit und Anpassungsfähigkeit ist er ideal in der Wohnung zu halten, wenn man sein Gebell verträgt.
Gesundheit: Robust und gesund.
Geeignet für: Anfänger

KURZ-INFO **FCI-Gruppe 1/Nr. 83:** *Hüte- und Treibhunde*
Ursprungsland: *Belgien* **Größe:** *22–33 cm* **Gewicht:** *3–8 kg*
Fell: *üppig, dicht und hart, durch dichte Unterwolle abstehendes Fell mit Halskrause* **Farbe:** *schwarz* **Lebenserwartung:**
über 15 Jahre **Welpenpreis:** *ca. 800 Euro*

Schnauzer

Verwendung: Ursprünglich war er der haarige Bruder des Pinschers (→ Seite 176), mit dem er als Rattler auf den süddeutschen Bauernhöfen oder in der Stadt in den Ställen Ratten und Mäuse jagte. 1882 begann

Erziehung:	🐾 🐾
Stadt:	🐾
Familie:	🐾
Pflege:	🐾 🐾 🐾
Beschäftigung:	🐾 🐾 🐾

Max Hartenstein die gezielte Zucht des Schnauzers. Dessen Bruder ging als Deutscher Pinscher in die Rasseliste ein.
Charakter: Der Schnauzer ist ein uriger Hund geblieben, der engen Familienanschluss braucht. Er ist temperamentvoll, aufmerksam, lernfreudig und unerschrocken. Immer wachsam und verteidigungsbereit, aber nicht bissig. »Ein bisschen raufen« will er aber schon.
Haltung: Er braucht regelmäßige Beschäftigung, am besten im Hundesport. Seine Erziehung muss konsequent, aber ohne Härte sein. Mit rechtzeitiger Sozialisierung und gutem Gehorsam bringt man auch seine Rauflust unter Kontrolle.
Gesundheit: PRA, Herzprobleme.
Geeignet für: Anfänger

KURZ-INFO **FCI-Gruppe 2/Nr. 182:** *Pinscher und Schnauzer, Molossoide, Schweizer Sennenhunde* **Ursprungsland:** *Deutschland* **Größe:** *45–50 cm* **Gewicht:** *15 kg* **Fell:** *hart, rau, mit dichter Unterwolle* **Farbe:** *schwarz, Pfeffer und Salz* **Lebenserwartung:** *über 15 Jahre* **Welpenpreis:** *ca. 700 Euro*

Schwarzer Terrier

auch: _Tchiorny Terrier_

Verwendung: In den 1930er-Jahren kreuzte man in den Zwingern der russischen Armee Riesenschnauzer, Rottweiler, Airedale Terrier und einheimische, schwarze Terriertypen, um einen idealen Diensthund zu züchten. Es kam auch ein hervorragender Hund heraus, der aber eine so extreme Bindung zu seiner Bezugsperson entwickelte, dass er für den vorgesehenen Dienst mit wechselnden Führern ungeeignet war.

Charakter: Er ist gelehrig, leicht auszubilden, ausgeglichen und führig. Bei guten Nerven ist er verteidigungsbereit, ohne unerwünschte Schärfe.

Haltung: Konsequente Erziehung und sportliche Betätigung, wie Turnierhundesport oder Agility, machen aus ihm einen ausgeglichenen Familienhund.

Gesundheit: Hüftgelenksdysplasie (HD).

Geeignet für: Anfänger

Erziehung: 🐾
Stadt: 🐾🐾🐾🐾
Familie: 🐾🐾
Pflege: 🐾🐾🐾
Beschäftigung: 🐾🐾🐾🐾

KURZ-INFO FCI-Gruppe 2/Nr. 327: _Pinscher und Schnauzer, Molossoide, Schweizer Sennenhunde_ **Ursprungsland:** _Russland_ **Größe:** _63–75 cm_ **Gewicht:** _40–65 kg_ **Fell:** _rau, dick, gewellt mit Unterwolle; wird leicht in Form geschnitten_ **Farbe:** _schwarz oder schwarz mit grauen Haaren_ **Lebenserwartung:** _ca. 10 Jahre_ **Welpenpreis:** _ca. 1000 Euro_

Scottish Terrier

Verwendung: Einst ein niederläufiger schottischer Jagdterrier auf Raubwild, machte er letztendlich Karriere als aufgestylter Begleithund. An seiner Entstehung haben West Highland White, Cairn und Skye Terrier mitgewirkt. In den 1930er-Jahren war der Scottish Terrier neben dem Foxterrier groß in Mode. Man nannte ihn anfangs auch Aberdeen Terrier. Als der Pudel den Markt übernahm, geriet er fast gänzlich in Vergessenheit.

Erziehung: 🐾 🐾 🐾
Stadt: 🐾
Familie: 🐾
Pflege: 🐾 🐾 🐾 🐾 🐾
Beschäftigung: 🐾 🐾 🐾

Charakter: Er macht einen mürrischen, griesgrämigen Eindruck. Dieser Eindruck wird noch verstärkt, da er Fremden aus dem Weg geht. Er ist ein tapferer, unabhängiger, aber eigenwilliger Terrier mit großer Persönlichkeit.

Haltung: Er verlangt konsequente Erziehung und Haltung. Der absolute Gehorsam ist bei ihm aber nicht zu erreichen. Er braucht nicht besonders viel Bewegung.

Gesundheit: Schottenkrampf, Epilepsie, Ekzeme.

Geeignet für: Anfänger

KURZ-INFO FCI-Gruppe 3/Nr. 73: *Terrier* **Ursprungsland:** *Großbritannien* **Größe:** *25–28 cm* **Gewicht:** *8,6–10,4 kg* **Fell:** *hart, dicht, rau, mit weicher Unterwolle; regelmäßig trimmen* **Farbe:** *schwarz, weizenfarben, gestromt* **Lebenserwartung:** *12 bis über 15 Jahre* **Welpenpreis:** *ca. 900 Euro*

Sealyham Terrier

Verwendung: Zu seiner Entstehung trugen Dandie Dinmont Terrier, West Highland White Terrier, Welsh Corgie und weiße Bullterrier bei. Er war ein harter Hund für die Jagd auf den Dachs und wurde sehr streng auf Leistung selektiert.

Erziehung: 🐾🐾🐾
Stadt: 🐾
Familie: 🐾
Pflege: 🐾🐾🐾🐾
Beschäftigung: 🐾🐾🐾

Charakter: Er ist ein fröhlicher, spielfreudiger, angenehmer Haushund. Aus guter Zucht ist er freundlich, furchtlos und nervenstark. Der gute Wächter meldet mit großer Stimme. Fremden gegenüber ist er reserviert.

Haltung: Er rauft und jagt gern und muss deshalb entsprechend beaufsichtigt werden. Seine konsequente Erziehung verlangt etwas Geduld. Schwächen seines Erziehers nützt der Sealyham Terrier schamlos aus.

Gesundheit: Hautkrankheiten, Taubheit, Ekzeme, Geburtsschwierigkeiten.

Geeignet für: Anfänger

KURZ-INFO FCI-Gruppe 3/Nr. 74: *Terrier* **Ursprungsland:** *Großbritannien* **Größe:** *max. 31 cm* **Gewicht:** *8–10 kg* **Fell:** *hartes, langes Deckhaar mit weicher Unterwolle; muss regelmäßig getrimmt werden* **Farbe:** *reinweiß, farbige Abzeichen am Kopf erlaubt* **Lebenserwartung:** *12 oder mehr Jahre* **Welpenpreis:** *ca. 900 Euro*

Shar Pei

Verwendung: Eine seltene, chinesische Hunderasse, die auf Grund ihres faltigen Aussehens in jeder Hinsicht Aufsehen erregt und für Diskussionen sorgt. Die Ursprünge sind nicht bekannt. Nur Welpen sind stark »gefaltet«. Der erwachsene Hund zeigt kaum mehr Falten. In China selbst würde diese Rasse schon seit einigen Jahrzehnten nicht mehr existieren, wenn sie in Amerika nicht total vermarktet worden wäre.

Erziehung: 🐾🐾🐾
Stadt: 🐾
Familie: 🐾🐾🐾
Pflege: 🐾🐾
Beschäftigung: 🐾🐾🐾

Charakter: Der Shar Pei ist sehr willensstark und hat ein ernstes, würdevolles Wesen. Wenn er will, kann er aber auch lustig und zärtlich sein.

Haltung: Er muss mit Familienanschluss im Haus gehalten werden. Er hasst Wasser und Kälte. Braucht eine konsequente Erziehung und Führung.

Gesundheit: Hautprobleme, Augenlidabnormitäten, Hüftgelenksdysplasie (HD), allgemeine Skelettprobleme.

Geeignet für: Fortgeschrittene

KURZ-INFO **FCI-Gruppe 2/Nr. 309:** *Pinscher und Schnauzer, Molossoide, Schweizer Sennenhunde* **Ursprungsland:** *China* **Größe:** *45–50 cm* **Gewicht:** *20–25 kg* **Fell:** *kurz, hart* **Farbe:** *einfarbig schwarz, rehbraun, cremefarben* **Lebenserwartung:** *8–10 Jahre* **Welpenpreis:** *bis etwa 2000 Euro*

Shetland Sheepdog

auch: *Sheltie*

Verwendung: Der Sheltie ist nicht einfach ein kleiner Collie, sondern eine Mischung aus einem kleinen Shetland-Bauernhund mit Zwergspaniel, Papillon und Zwergspitz. Er ist

Erziehung:	🐾🐾
Stadt:	🐾
Familie:	🐾
Pflege:	🐾🐾🐾🐾
Beschäftigung:	🐾🐾🐾🐾

auf den Shetland-Inseln entstanden und in Amerika populärer als der Collie. In Deutschland verhältnismäßig selten.

Charakter: Sehr temperamentvoll und klug. Aus schlechten Zuchten zeigen sie Nervosität und Wesensschwäche. Ihre Bellfreude muss frühzeitig durch Erziehung eingedämmt werden.

Haltung: Bei seiner Erziehung ist die »feine« Hand gefragt, da er sehr sensibel ist. Laute und unbeherrschte Menschen machen aus ihm einen seelischen Krüppel. Ein idealer Hund für Turnierhundesport oder Agility.

Gesundheit: Epilepsie, Taubheit beim Blue-merle (→ Seite 18), Herzkrankheiten.

Geeignet für: Anfänger

KURZ-INFO **FCI-Gruppe 1/Nr. 88:** *Hüte- und Treibhunde* **Ursprungsland:** *Großbritannien* **Größe:** *35–37 cm* **Gewicht:** *6–7 kg* **Fell:** *langes, hartes Deckhaar mit weicher Unterwolle* **Farbe:** *zobel, tricolor, blue-merle, schwarz, schwarz mit verschiedenen Weißanteilen* **Lebenserwartung:** *10–15 Jahre* **Welpenpreis:** *ca. 800 Euro*

Shiba Inu

Verwendung: Er gehört zu den alten japanischen Spitzen, die es nach Abbildungen und Skulpturen schon vor Jahrtausenden in Japan gab. Er wurde offensichtlich zur Jagd auf Vögel, aber auch auf anderes Wild verwendet, denn sein Name bedeutet »kleiner Buschhund«. Zunächst wurde er in den USA nachgezüchtet.

Erziehung: 🐾 🐾 🐾
Stadt: 🐾
Familie: 🐾 🐾
Pflege: 🐾 🐾 🐾
Beschäftigung: 🐾 🐾 🐾 🐾 🐾

Charakter: Der Shiba ist intelligent und selbstbewusst. Lebhaft und unternehmungslustig, jedoch niemals unterwürfig. Er lernt gern, aber nur mit dem Menschen, den er anerkennt.

Haltung: Er ist ein noch sehr ursprünglicher Hund, daher braucht man bei seiner Haltung entsprechendes Wissen. Seine Jagdpassion macht Freilauf unmöglich. Er fühlt sich auch im Freien wohl, will aber enge Anbindung an den Menschen. Er fordert viel Beschäftigung.

Gesundheit: HD, Progressive Retinaatrophie (PRA).

Geeignet für: Fortgeschrittene

KURZ-INFO FCI-Gruppe 5/Nr. 257: *Spitze und Hunde vom Urtyp* **Ursprungsland:** *Japan* **Größe:** *R 39,5 cm, H 36,5 cm* **Gewicht:** *10–13 kg* **Fell:** *doppelt, mit weicher, dichter Unterwolle und hartem, geradem Deckhaar* **Farbe:** *rot, schwarzloh, sesam, schwarz-sesam, rot-sesam* **Lebenserwartung:** *12–15 Jahre* **Welpenpreis:** *ca. 1000 Euro*

Shih Tzu

Verwendung: Auch er gehört zu den fernöstlichen Löwenhündchen, die angeblich die Buddha-Tempel bewachten und an höchste Persönlichkeiten verschenkt wurden. Auf diese Weise wird auch der Shi-Tze-kou (Tibetanischer Löwenhund) nach China an den Kaiserhof gekommen sein, wo er zum Shih Tzu weitergezüchtet wurde.

Erziehung: 🐾🐾🐾
Stadt: 🐾
Familie: 🐾🐾
Pflege: 🐾🐾🐾🐾🐾
Beschäftigung: 🐾🐾🐾

Charakter: Er ist sehr temperamentvoll und hat ein freundliches Wesen. Als liebevoller, verspielter und selbstsicherer Hund ist er ein perfekter Begleiter für Menschen, die sich permanent mit Haarpflege beschäftigen wollen.

Haltung: Sommerhitze liebt er nicht besonders und verträgt sie auch nicht. Seine einzigen Ansprüche sind, geliebt zu werden, und diese Liebe gibt er auch zurück.

Gesundheit: Kniescheibenluxation, Atemschwierigkeiten, Spaltrachen, Entropium, Ektropium, Nierenerkrankungen, Ohreninfektionen, Augenprobleme.

Geeignet für: Anfänger

KURZ-INFO **FCI-Gruppe 9/Nr. 208:** *Gesellschafts- und Begleithunde* **Ursprungsland:** *Tibet (GB)* **Größe:** *ca. 27 cm* **Gewicht:** *ca. 9 kg* **Fell:** *lang, dicht, mit kurzer, dichter Unterwolle* **Farbe:** *alle Farben* **Lebenserwartung:** *ca. 10 Jahre* **Welpenpreis:** *ca. 800 Euro*

Siberian Husky

Verwendung: Er gehört zu den nordischen Hunden, die in unseren Breitengraden fehl am Platze sind. Vor einen Schlitten gespannt zu werden und mit diesem im Gespann durch stäubenden Schnee zu rennen, das ist

Erziehung: 🐾🐾🐾
Stadt: nein
Familie: 🐾🐾🐾
Pflege: 🐾🐾
Beschäftigung: 🐾🐾🐾🐾🐾

seine Leidenschaft. Der Husky stammt aus Sibirien und kam über Alaska auch zu uns. Hier muss er ersatzweise gummibereifte Wägelchen ziehen, weil jedes zweite Schlittenhundrennen wegen Schneemangels ausfällt.

Charakter: Er ist liebevoll und ausgeglichen zu seiner Familie und freundlich zu Fremden. Er lernt schnell, gehorcht aber nicht zuverlässig. Jagd- und Abenteuertrieb sind ausgeprägt.

Haltung: Das Gartengelände muss ausbruchssicher gestaltet sein. Die Rasse braucht unbedingt Beschäftigung und Laufgelegenheit: Wagen- und Schlittenrennen, Begleitung beim Radfahren und Joggen – und das wirklich täglich!

Gesundheit: HD, PRA, Hauterkrankungen.

Geeignet für: Fortgeschrittene

KURZ-INFO **FCI-Gruppe 5/Nr. 270:** *Spitze und Hunde vom Urtyp* **Ursprungsland:** *USA* **Größe:** *R 53–60 cm, H 51–56 cm* **Gewicht:** *16–27 kg* **Fell:** *dicht, doppelt, wollig* **Farbe:** *alle Farben und Schattierungen* **Lebenserwartung:** *10 Jahre und mehr* **Welpenpreis:** *ca. 800 Euro*

Skye Terrier

Verwendung: Angeblich ist er der älteste schottische Terrier. Er stammt von der Isle of Skye im Nordwesten von Schottland und war am schottischen und englischen Hof sehr beliebt. Er war hart und raubzeugscharf, wird aber schon sehr lange als Ausstellungshund gezüchtet. Interessant: Er ist viermal so lang wie hoch und hat trotzdem keine Bandscheibenprobleme wie der Dackel.

Erziehung: 🐾🐾🐾
Stadt: 🐾
Familie: 🐾🐾🐾
Pflege: 🐾🐾🐾🐾🐾
Beschäftigung: 🐾🐾🐾

Charakter: Er verhält sich im Haus ruhig, ist aber insgesamt gesehen ein schwieriger Hund. Er ist sehr eigenwillig und verlangt viel Konsequenz und Einfühlungsvermögen. Fremde duldet der Eigenbrötler nicht. Trotz seiner Kleinheit ist er ein kräftiger Beschützer. Kinder sollte die Familie nicht haben.

Haltung: Da er fast keinen Jagdtrieb mehr besitzt, ist er beim Spaziergang auch mit einem kurzen Weg zufrieden. Im Haus ist er ruhig und kein Kläffer.

Gesundheit: Robuster Hund.

Geeignet für: Fortgeschrittene

KURZ-INFO FCI-Gruppe 3/Nr. 75: *Terrier* **Ursprungsland:** *Großbritannien* **Größe:** *25 cm* **Gewicht:** *11,5 kg* **Fell:** *lang, schwer, gerade, mit weicher Unterwolle* **Farbe:** *grau, falbfarben, cremefarben mit schwarzen Marken an Ohren und Fang* **Lebenserwartung:** *ca. 10–12 Jahre* **Welpenpreis:** *ca. 800 Euro*

Sloughi

auch: *Arabischer Windhund*

Verwendung: Man weiß von Abbildungen auf ägyptischen Reliefs, dass die alten Ägypter schon 1500 v. Chr. ähnliche Windhunde zur Jagd verwendeten. Die Beduinen hatten den Sloughi bei der Jagd vor sich auf dem Sattel des Pferdes. Erst wenn der Hund das Wild erspäht hatte, sprang er vom Pferd, hetzte und stellte es. Heute noch leben die Hunde als verwöhnter, wertvoller Besitz mit im Zelt.

Charakter: Er ist zärtlich und anpassungsfähig zu seinen Menschen, dabei freundlich und zurückhaltend. Kein Hund für Menschen, die von ihm Kadavergehorsam verlangen.

Haltung: Er kann nur mit Familienanschluss leben. Braucht sehr viel Bewegung und fast noch mehr den Kontakt mit den Seinen. Am wohlsten fühlt er sich in ruhiger Umgebung.

Gesundheit: Ohne spezielle Erkrankungen.

Geeignet für: Fortgeschrittene

Erziehung: 🐾🐾🐾
Stadt: nein
Familie: 🐾🐾
Pflege: 🐾
Beschäftigung: 🐾🐾🐾🐾🐾

KURZ-INFO FCI-Gruppe 10/Nr. 188: *Windhunde*
Ursprungsland: *Marokko* **Größe:** *R 66–72 cm, H 61–68 cm*
Gewicht: *20–27 kg* **Fell:** *kurz, dicht und fein* **Farbe:** *alle Tonschattierungen von Sandfarben (auch mit Maske, Stromung etc.) sind erlaubt* **Lebenserwartung:** *12 Jahre* **Welpenpreis:** *bis ca. 2000 Euro*

Spitz

Verwendung: Der Spitz als älteste Haushundform geht bis auf die Steinzeit, auf den Torfhund und den späteren Pfahlbauspitz zurück. Im Mittelalter war er der am weitesten verbreitete Bauernhund. Da er sich im Gegensatz zu den nordischen Spitzen nicht zum Jagen abrichten ließ, erlaubten die Feudalherren den Bauern die Haltung dieser Hunde.

Der häufigere Mittelspitz leistete auch als Hütespitz zuverlässige Dienste und hielt den Hof von Ratten und Mäusen sauber, während die Groß- und Kleinspitze meistens schon immer als Begleithunde gehalten wurden. Auf dem Dorf sah man den Mittelspitz nicht selten auch die Gänse und sogar die Kühe hüten. König Viktoria hielt mehrere Kleinspitze. Als klassischer Wächter kommt er auch in der Literatur vor. Leider ist der Deutsche Spitz seit Jahrzehnten nicht mehr so populär, und es ist schade, dass eine so alte und schöne Hunderasse nicht mehr so viel Aufmerksamkeit erhält. Der Rückgang dieser schönen Rasse ist vielleicht auf den hohen Pflegeaufwand zurückzuführen, der aber nicht verhindert, dass das Fell letztendlich doch verfilzt. Da der Spitz auch nicht leicht zu erziehen und bei seiner immensen Wachsamkeit sehr laut ist, schrecken viele Hundehalter davor zurück, sich einen Spitz anzuschaffen.

Charakter: Er ist intelligent und gelehrig, selbstbewusst und ordnet sich nicht sofort unter. Als reviertreuer, wachsamer und bellfreudiger Hund ist er Fremden gegenüber entspre-

chend misstrauisch. Seiner Familie ist der Spitz treu ergeben, mit Kindern hat er viel Geduld. Anderen Hunden gegenüber ist der Spitz zumindest kritisch eingestellt.

Erziehung:	🐾🐾🐾🐾
Stadt:	🐾🐾🐾🐾
Familie:	🐾
Pflege:	🐾🐾🐾🐾
Beschäftigung:	🐾🐾🐾

Haltung: Da er nicht wildert und sehr ortstreu ist, ist die Haltung des robusten und witterungs-unempfindlichen Hundes im Freien kein großes Problem. Er braucht auch nicht regelmäßig spazieren geführt werden. Vielmehr ist er zufrieden, wenn er im Hof oder Garten auf alles aufpassen kann. Der Spitz, gleich welcher Größe, gehört aufs Land und nicht in die enge Stadt.

Gesundheit: Keine häufigen Krankheiten.

Geeignet für: Anfänger

KURZ-INFO FCI-Gruppe 5/Nr. 97: *Spitze und Hunde vom Urtyp* **Ursprungsland:** *Deutschland* **Größe:** *Großspitz (Seite 204) 40–50 cm; Mittelspitz (oben links) 29–36 cm; Kleinspitz (oben rechts) 23–28 cm* **Gewicht:** *Großspitz 25 kg; Mittelspitz 6–7 kg; Kleinspitz 4–5 kg* **Fell:** *üppig am ganzen Körper, kurz an Fang, Ohren und Pfoten* **Farbe:** *Groß- und Mittelspitz schwarz, weiß, braun; Kleinspitz zusätzlich noch orange und wolfsfarben* **Lebenserwartung:** *Großspitz 12–13 Jahre; Mittelspitz 13–15 Jahre; Kleinspitz 14–15 Jahre* **Welpenpreis:** *400–600 Euro*

Staffordshire Bullterrier

auch: *Staffordshire Bull Terrier*

Erziehung: 🐾 🐾
Stadt: 🐾 🐾 🐾 🐾
Familie: 🐾 🐾 🐾
Pflege: 🐾
Beschäftigung: 🐾 🐾 🐾

Verwendung: Anfang des 19. Jahrhunderts ergötzten sich viele Briten an Tierkämpfen oder wetteten darauf, welcher Hund in welcher Zeit die meisten Ratten töten konnte. Später ließ man die Hunde gegeneinander kämpfen. Zu diesem Zweck entstand der »Staff« aus einer Mischung örtlicher Terrier mit englischen Bulldoggen. Diese Hunde kämpften mit allem, was wie ein Hund aussah, bis zum Tode.

Charakter: Menschen gegenüber ist dieser Hund freundlich und liebenswürdig und sehr anhänglich. Als dominanter Hund braucht er eine konsequente Früherziehung und frühe Gewöhnung an andere Hunde.

Haltung: Bisweilen bricht auch bei besterzogenen »Staffs« die Rauflust durch.

Gesundheit: Hauterkrankungen sowie Nierensteine und auch Augenprobleme.

Wichtig: Die Züchtung und Haltung der Rasse ist in Deutschland verboten (→ auch Seite 16).

KURZ-INFO **FCI-Gruppe 3/Nr. 76:** *Terrier* **Ursprungsland:** *Großbritannien* **Größe:** *36–41 cm* **Gewicht:** *11–17 kg* **Fell:** *kurz, glatt, eng anliegend* **Farbe:** *alle Farben außer schwarzloh oder leberbraun* **Lebenserwartung:** *11–12 Jahre*

Sussex Spaniel

Verwendung: Er wurde in der Grafschaft Sussex als Jagdhund fürs dichte
Unterholz gezüchtet. Er war für die
langsame, gewissenhafte Suche gedacht. Trotz hervorragender Nasenveranlagung hat sich die Rasse aber

Erziehung: 🐾🐾🐾
Stadt: 🐾🐾🐾
Familie: 🐾🐾
Pflege: 🐾🐾🐾
Beschäftigung: 🐾🐾🐾

nie richtig durchgesetzt und ist sogar in ihrer Heimat selten.
Charakter: Der ganze Hund strahlt nicht zuletzt durch seine
haselnussbraunen, sanften Augen Freundlichkeit und Liebenswürdigkeit aus. Er bindet sich eng an seine Menschen, ent-
wickelt aber im Freien entsprechendes jagdliches Temperament. Er ist leichtführig und lernt gut.
Haltung: Als Jagdhund ist er beim Freilauf entsprechend zu
kontrollieren. Er macht gern mit seinem Herrn einen Spaziergang, der aber nicht zu lang sein muss. Er freut sich über
Ersatzbeschäftigungen, wenn er nicht jagdlich geführt wird.
Gesundheit: Keine besonderen Erkrankungen.
Geeignet für: Anfänger

KURZ-INFO **FCI-Gruppe 8/Nr. 127:** *Apportier-, Stöber- und
Wasserhunde* **Ursprungsland:** *Großbritannien* **Größe:** *38–
41 cm* **Gewicht:** *ca. 23 kg* **Fell:** *üppig, glatt mit dicker, Wasser
abweisender Unterwolle* **Farbe:** *goldleberfarben mit goldenen
Haarspitzen* **Lebenserwartung:** *bis zu 15 Jahre* **Welpenpreis:**
ca. 700 Euro

Tervueren

Verwendung: Er ist sicher der vielseitigste der vier belgischen Schäferhundrassen. Liebhaber des Tervueren behaupten sogar, dass er angeblich die gleichen Qualitäten wie der viel gepriesene Deutsche Schäferhund (→ Seite 95) besitzt.

Erziehung: 🐾
Stadt: 🐾 🐾 🐾
Familie: 🐾 🐾
Pflege: 🐾 🐾 🐾
Beschäftigung: 🐾 🐾 🐾 🐾

Charakter: Er ist intelligent und lernt schnell. Gelegentlich ist er etwas nervös und sensibel. Verträgt keine groben Kommandos und ist leichtführig. In der Familie ist er anschmiegsam und liebevoll. Die Kinder sollten allerdings schon etwas »abgeklärter« im Umgang mit ihm sein.

Haltung: Er möchte aktiv sein und beschäftigt werden. Er eignet sich gut für Turnierhundesport oder Agility. Mit Schutzhundeausbildung sollte man seine Nerven nicht strapazieren. In den letzten Jahren hat sich der Tervueren als Blindenhund und Behindertenhilfshund gut bewährt.

Gesundheit: Krampfartige Anfälle.

Geeignet für: Anfänger

KURZ-INFO **FCI-Gruppe 1/Nr. 15:** *Hüte- und Treibhunde* **Ursprungsland:** *Belgien* **Größe:** *56–66 cm* **Gewicht:** *27,5–28,5 kg* **Fell:** *lang, glatt, doppelt* **Farbe:** *mahagonifarben bis beige, grau mit schwarzer Maske und schwarzen Grannenhaaren* **Lebenserwartung:** *12–14 Jahre* **Welpenpreis:** *ca. 800 Euro*

Tibet Spaniel

auch: *Tibetan Spaniel*

Erziehung: 🐾🐾
Stadt: 🐾
Familie: 🐾
Pflege: 🐾🐾🐾
Beschäftigung: 🐾🐾🐾

Verwendung: Auch er gehört zu den Löwenhündchen, die in den tibetischen Klöstern zum Drehen der Gebetsmühlen abgerichtet wurden. Im Winter wurden sie von den Mönchen als lebende Wärmflaschen getragen. Mit bedeutend mehr »Nase« als die anderen Tempelhunde fällt er nicht so sehr auf, vielleicht weil er nicht so laut nach Luft ringt.

Charakter: Er ist ein aktiver, robuster und unempfindlicher kleiner Kobold. Als Tempelwächter sind ihm natürlich Fremde ein Gräuel. Er liebt Aktion und rennt und tobt mit den Kindern um die Wette. Er lässt sich auch gut gewaltlos erziehen, wenn man sturer ist als er.

Haltung: Seine Anforderungen sind bescheiden, auch in Bezug auf Auslauf. Vor allzu großer Hitze ist er zu schützen.

Gesundheit: Gesunde Hunde ohne besondere Krankheiten.

Geeignet für: Anfänger

KURZ-INFO **FCI-Gruppe 9/Nr. 231:** *Gesellschafts- und Begleithunde* **Ursprungsland:** *Tibet (GB)* **Größe:** *ca. 25 cm* **Gewicht:** *4,1–6,8 kg* **Fell:** *mäßig lang, seidig, doppelt; starke Befederung an Läufen und Ohren* **Farbe:** *alle Farben und Kombinationen* **Lebenserwartung:** *13–14 Jahre* **Welpenpreis:** *ca. 800 Euro*

Tibet Terrier

auch: *Tibetan Terrier*

Erziehung: 🐾🐾
Stadt: 🐾🐾
Familie: 🐾
Pflege: 🐾🐾🐾
Beschäftigung: 🐾🐾🐾🐾

Verwendung: Der Tibet Terrier ist genauso wenig ein Terrier, wie der Tibet Spaniel (→ Seite 209) ein Spaniel ist. Ursprünglich war er unter härtesten Bedingungen Viehhüter der tibetischen Bauern in 5000 Meter Höhe. Angeblich wurde in England nach 1920 der ungarische Puli eingekreuzt, wahrscheinlich um sein Fell etwas weicher zu machen.

Charakter: Aktiv, lauf- und sprungfreudig. In der Familie gutmütig und verspielt. Trotz seiner gelegentlichen Sturheit lässt er sich mit Konsequenz erziehen. Die Reserviertheit Fremden gegenüber wird ihm oft als Wesensschwäche ausgelegt.

Haltung: Will nicht gern allein sein, weil er sehr anhänglich ist. Benötigt ausreichende Beschäftigung, die sowohl seinen Geist als auch seinen sportlichen Körper fordert. Turnierhundesport oder Agility sind bei HD-Freiheit richtig für ihn.

Gesundheit: HD, Bandscheibenvorfall.

Geeignet für: Anfänger

KURZ-INFO FCI-Gruppe 9/Nr. 209: *Gesellschafts- und Begleithunde* **Ursprungsland:** *Tibet (GB)* **Größe:** *35–41 cm* **Gewicht:** *8–14 kg* **Fell:** *lang, üppig, gerade oder gewellt, nie gelockt, mit dichter Unterwolle* **Farbe:** *alle außer schokofarben* **Lebenserwartung:** *13–14 Jahre* **Welpenpreis:** *ca. 800 Euro*

Tiroler Bracke

Verwendung: Die Rasse ist etwas kleiner und leichter als die Brandlbracke (→ Seite 66). Sie ist ein hervorragender Schweißhund im Hochgebirge. Angeborene Veranlagungen sind ihre Spur- und Fährtentreue, das Totverweisen und das Totverbellen. Mit der Tiroler Bracke wird nur auf Hasen und Füchse gejagt. Die heiße Fährte verfolgt sie lautstark. Außerhalb Deutschlands und Österreichs ist sie so gut wie unbekannt.

Erziehung: 🐾
Stadt: nein
Familie: 🐾 🐾
Pflege: 🐾
Beschäftigung: 🐾 🐾 🐾 🐾 🐾

Charakter: Ein hoch veranlagter Jagdhund, der sich auch in der Familie anpasst und liebevoll verhält. Er ist friedlich und ausgeglichen, wenn er jagdlich geführt wird.

Haltung: Züchter sollten darauf achten, dass diese Hunde nur in die Hände von Jägern abgegeben werden. Ohne jagdliche Beschäftigung, nur als Begleithund, darf die Tiroler Bracke nicht gehalten werden. Sie wäre zu Tode unglücklich.

Gesundheit: Keine speziellen Krankheiten bekannt.

Geeignet für: Jäger

KURZ-INFO **FCI-Gruppe 6/Nr. 68:** *Lauf- und Schweißhunde* **Ursprungsland:** *Österreich* **Größe:** *42–50 cm* **Gewicht:** *18–20 kg* **Fell:** *kurz, glatt anliegend* **Farbe:** *rot, schwarz-rot, dreifarbig* **Lebenserwartung:** *12–14 Jahre* **Welpenpreis:** *ca. 500 Euro*

Toy Pudel

Verwendung: Die Bezeichnung »Toy« bei der Hunderasse bedeutet, dass sie noch kleiner als die Zwergform dieser Rasse ist. Gegen den Einspruch von elf Mitgliedsländern in der FCI setzten die Franzosen die Anerkennung des Toy Pudels als Rasse durch.

Erziehung: 🐾
Stadt: 🐾
Familie: 🐾 🐾 🐾
Pflege: 🐾 🐾 🐾 🐾 🐾
Beschäftigung: 🐾 🐾 🐾

Charakter/Haltung: Angeblich hat der Toy Pudel die gleichen Charaktereigenschaften wie die größeren Schläge des Pudels (→ Seite 121, 141 und 225). Umso mehr leidet er sicher unter den durch die extreme Verzwergung entstandenen gesundheitlichen Problemen. Beim Kauf sollten Sie auf gesunde Zuchten Wert legen.

Gesundheit: U. a. Zahnfleischentzündungen, Gehörgangsentzündungen, Kniescheibenluxationen, Harnsteinbildung; Bandscheibenerkrankungen, epilepsieähnliche Krämpfe, Fehlen des Tränennasenkanals, zu kleiner Augapfel, Linsentrübung, Herz- und Gefäßmissbildungen.

Geeignet für: Anfänger

KURZ-INFO FCI-Gruppe 9/Nr. 172: *Gesellschafts- und Begleithunde* Ursprungsland: *Frankreich* Größe: *25 cm* Gewicht: *unter 5 kg* Fell: *sollte doppelt, üppig, wollig und gut gekräuselt sein* Farbe: *schwarz, weiß, braun, silber, apricot* Lebenserwartung: *über 10 Jahre* Welpenpreis: *bis 1000 Euro*

Tschechoslowakischer Wolfshund

auch: *Ceskoslovensky Vlcak*

Erziehung: 🐾🐾🐾🐾
Stadt: nein
Familie: 🐾🐾🐾🐾
Pflege: 🐾
Beschäftigung: 🐾🐾🐾🐾🐾

Verwendung: Tschechische Züchter haben wie Leendert Saarloos (→ Seite 187) durch Kreuzen des Wolfes mit dem Deutschen Schäferhund versucht, eine noch bessere Gebrauchshunderasse zu züchten. In beiden Fällen wurden die ursprünglichen Erwartungen nicht erfüllt. Das eingezüchtete Wolfsverhalten wirkte sich in beiden Fällen störend aus.

Charakter: Auch mit dem Tschechoslowakischen Wolfshund sind Hunde entstanden, bei denen das Wolfsverhalten noch stark durchschlägt. Er ist allem Neuen und Fremden gegenüber sehr vorsichtig, in der Leistung ausdauernd und temperamentvoll. Er braucht aber eine alleinige Bezugsperson.

Haltung: Eine ausbruchssichere Unterbringung und ausreichendes Wissen über Wolfs- und Hundeverhalten sind notwendig. Er braucht viel Zuwendung und Beschäftigung.

Gesundheit: Keine speziellen Krankheiten bekannt.

Geeignet für: Fortgeschrittene

KURZ-INFO **FCI-Gruppe 1/Nr. 332:** *Hüte- und Treibhunde* **Ursprungsland:** *Slowakei* **Größe:** *mind. 60–65 cm* **Gewicht: *mind. 20–26 kg* **Fell:** *wolfsartiges Stockhaar mit Unterwolle* **Farbe:** *gelblich, wolfs- und silbergrau* **Lebenserwartung:** *10–12 Jahre* **Welpenpreis:** *600–1000 Euro*

Weimaraner

Verwendung: Der Weimaraner ist ein selten gefärbter, auffallender Jagdhund, der im 18. und 19. Jahrhundert hauptsächlich im Gebiet von Weimar/Halle zur Jagd genutzt wurde. Er ist Spür-, Vorsteh- und Apportierhund zugleich. Besonders geschätzt wird seine Arbeit nach dem Schuss. Heute ist er relativ selten, da er als Begleithund nicht ganz leicht zu halten ist.

Erziehung: 🐾 🐾 🐾
Stadt: 🐾 🐾 🐾 🐾
Familie: 🐾 🐾 🐾
Pflege: 🐾 🐾
Beschäftigung: 🐾 🐾 🐾 🐾 🐾

Charakter: Wenn er gut erzogen ist, ist er für seine Familie, die er liebt und auch verteidigt, eine Bereicherung. Leider neigen manche zu unerwünschter Schärfe.

Haltung: Er braucht konsequente Führung und absolute Ausbildung zur Unterordnung. Ohne Unterordnung kann er für seine Umgebung zur Gefahr werden. Er gehört unbedingt nur in die Hand von Jägern, als reiner Hausgenosse ist er doch etwas zu ruppig.

Gesundheit: HD, Ohreninfektionen, Entropium.

Geeignet für: Fortgeschrittene Jäger

KURZ-INFO FCI-Gruppe 7/Nr. 99: *Vorstehhunde*
Ursprungsland: *Deutschland* **Größe:** *57–70 cm* **Gewicht:** *ca. 30 kg* **Fell:** *kurz, dicht, fein, glänzend oder langhaariger Schlag* **Farbe:** *maus-, silber- oder rehgrau* **Lebenserwartung:** *12–13 Jahre* **Welpenpreis:** *600–800 Euro*

Weißer Schweizer Schäferhund

früher: *Amerikanisch-Kanadischer Weißer Schäferhund*

Verwendung: Zur Zeit um 1898 gab es in der Zuchtlinie des »Horand von Grafrath« (dem ersten ins Zuchtbuch eingetragenen Deutschen Schäferhund) einige weiße Hunde. Auf diese Farbvariante spezialisierten sich einige Züchter in Amerika. Über die Schweiz verbreitete sich der »Weiße« auch in Deutschland.

Charakter: In seinen Wesenseigenschaften ist er nahezu identisch mit dem Deutschen Schäferhund (→ Seite 95). Insgesamt ist er aber etwas sanfter und sensibler. Sein Kampftrieb und seine Schärfe sind etwas schwächer, was ihm als Begleithund nicht schadet. Sein angeborener Schutztrieb reicht aus und muss nicht extra gefördert werden.

Haltung: Vielseitig verwendbar als Sport- und Begleithund. Nach konsequenter Erziehung ist er folgsam und leichtführig.

Gesundheit: Hüftgelenksdysplasie (HD), Allergien.

Geeignet für: Anfänger

Erziehung: 🐾
Stadt: 🐾🐾🐾
Familie: 🐾
Pflege: 🐾🐾
Beschäftigung: 🐾🐾🐾🐾

KURZ-INFO **FCI-Gruppe 11/Nr. 347:** *vorläufig angenommene Rasse* **Ursprungsland:** *Schweiz* **Größe:** *56–66 cm* **Gewicht:** *27–39 kg* **Fell:** *Stockhaar mit Unterwolle, selten Langstockhaar* **Farbe:** *weiß* **Lebenserwartung:** *ca. 12 Jahre* **Welpenpreis:** *ca. 600 Euro*

Welsh Corgi Cardigan

Verwendung: Welsh Corgi Cardigan und Welsh Corgi Pembroke kann ein Laie kaum auseinander halten, sie werden aber als getrennte Rassen geführt. Während der Cardigan deutlich länger ist, werden manche Pembrokes mit verkürzter Rute geboren. Beide sind wachsame und bissige Beschützer sowie Schaf- und Rindertreiber. Diese zwicken sie in die Fersen und werden von den ausschlagenden Hufen allein durch ihre geringe Größe nicht getroffen.

Erziehung: 🐾🐾
Stadt: 🐾
Familie: 🐾
Pflege: 🐾🐾
Beschäftigung: 🐾🐾🐾

Charakter: Sie sind selbstbewusst und versuchen sich immer durchzusetzen. Beide brauchen eine konsequente Erziehung.
Haltung: Ihre Wachsamkeit ist oft mit Bissigkeit verbunden, die von den Züchtern noch nicht ganz weggezüchtet werden konnte. Sie brauchen ihrer Größe angepasste Beschäftigung und nicht nur stupides Spazierenlaufen.
Gesundheit: Ein robuster und gesunder Hund.
Geeignet für: Fortgeschrittene

KURZ-INFO FCI-Gruppe 1/Nr. 38 (Cardigan), Nr. 39 (Pembroke): *Hüte- und Treibhunde* **Ursprungsland:** *Großbritannien* **Größe:** *25–32 cm* **Gewicht:** *Cardigan 11–17 kg; Pembroke 10–12 kg* **Fell:** *glatt, harsch, mit weicher Unterwolle* **Farbe:** *alle Farben, Weiß darf nicht überwiegen* **Lebenserwartung:** *12–14 Jahre* **Welpenpreis:** *ca. 1000 Euro*

Welsh Terrier

Verwendung: Er sieht nur so aus wie der Airedale Terrier (→ Seite 30), die Rasse ist aber sogar älter. Bevor er als Begleithund umgeschult wurde, trieb der Welsh Terrier für die Jagdmeuten den Fuchs aus dem Bau. Er ist weniger streitsüchtig als die anderen Terrier. Als Raubzeugvertilger bewährt er sich auch heute noch.

Erziehung: 🐾🐾
Stadt: 🐾🐾
Familie: 🐾
Pflege: 🐾🐾🐾🐾
Beschäftigung: 🐾🐾🐾🐾🐾

Charakter: Er ist lebhaft, beherzt und draufgängerisch. Gelegentlich ist er eigensinnig, obwohl er sich gut erziehen lässt. In seiner Familie ist er lustig und liebenswürdig. Wachsam, aber kein großer Kläffer.

Haltung: Weil er sehr intelligent ist, braucht er ausreichend Beschäftigungsspiele, die ihn geistig fordern. Für seine körperliche Fitness ist Agility und Turnierhundesport gut geeignet und unbedingt notwendig. Er braucht aktive und sportliche Menschen, die ihm Aktion bieten.

Gesundheit: Keine besonderen Krankheiten.

Geeignet für: Anfänger

KURZ-INFO **FCI-Gruppe 3/Nr. 78:** *Terrier* **Ursprungsland:** *Großbritannien* **Größe:** *39 cm* **Gewicht:** *9–10 kg* **Fell:** *hartes, drahtiges, dichtes Deckhaar; muss getrimmt werden* **Farbe:** *schwarz-lohfarben oder schwarz-grizzle* **Lebenserwartung:** *bis 14 Jahre* **Welpenpreis:** *ca. 800 Euro*

West Highland White Terrier

auch: *Westie*

Verwendung: Der blütenweiße Westie
entstand Mitte des 19. Jahrhunderts
aus dem Cairn Terrier, weil der Lieblingshund der Familie Malcolm of
Poltalloch auf der Jagd irrtümlich für
einen Fuchs gehalten und erschossen worden war. Ab 1970
kam der Westie plötzlich so in Mode, dass sich auch skrupel-
lose »Vermehrer« eine goldene Nase verdienen konnten.

Charakter: Der kleine, immer zu Späßen aufgelegte, selbstbewusste Hund ist eine große Persönlichkeit. Im Gegensatz zu
anderen Terriern ist er kaum aggressiv. Er ist ausdauernd und
nicht schüchtern.

Haltung: Idealer Haus- und Familienhund. Seinen teilweisen
Eigensinn macht er durch besonderen Charme wieder wett.
Beim Kauf ist auf höchste Qualität des Züchters zu achten.

Gesundheit: Kniescheibenluxation, Allergien, Kiefermissbil-
dungen, Lebererkrankungen.

Geeignet für: Anfänger

Erziehung: 🐾🐾
Stadt: 🐾
Familie: 🐾
Pflege: 🐾🐾🐾🐾
Beschäftigung: 🐾🐾🐾

KURZ-INFO **FCI-Gruppe 3/Nr. 85:** *Terrier* **Ursprungsland:**
Großbritannien **Größe:** *ca. 28 cm* **Gewicht:** *7–10 kg* **Fell:**
*hart, gerade, drahtig, mit weicher Unterwolle; muss getrimmt
werden* **Farbe:** *reinweiß* **Lebenserwartung:** *bis 15 Jahre*
Welpenpreis: *800–1000 Euro*

Westsibirischer Laika

auch: *Zapadno-Sibirskaia Laika*

Verwendung: Populärste Laika-Rasse, die vorwiegend für die Jagd auf Elche, Rentiere und auch Bären gezüchtet wurde. Im Gegensatz zu den anderen Laiki, die nur jagdlich genutzt werden, leistet der Westsibirische Laika als Schlittenhund ebenfalls gute Arbeit und kann auch schwere Lasten ziehen. Diese Hunde wurden in der Sowjetunion auch für medizinische Experimente verwendet. Berühmt wurde er als erster Hund im Weltall.

Erziehung:	🐾 🐾 🐾
Stadt:	🐾 🐾 🐾 🐾
Familie:	🐾 🐾 🐾 🐾 🐾
Pflege:	🐾 🐾
Beschäftigung:	🐾 🐾 🐾 🐾 🐾

Charakter: Ausdauernd, robust und mutig wie alle Laiki. Im Verhalten sind sie noch sehr ursprünglich.

Haltung: Einzelne extreme Liebhaber dieser Rassen halten hin und wieder einen der Laika-Rassen. Als Begleithunde werden sie sich aber kaum durchsetzen.

Gesundheit: Sehr robust und gesund.

Geeignet für: Spezialisten

KURZ-INFO **FCI-Gruppe 5/Nr. 306:** *Spitze und Hunde vom Urtyp* **Ursprungsland:** *Russland* **Größe:** *53–61 cm* **Gewicht:** *18–23 kg* **Fell:** *dichtes und dickes Deckhaar mit schwerer Unterwolle* **Farbe:** *weiß, Pfeffer und Salz, rot oder grau in allen Schattierungen, schwarz, einfarbig oder gescheckt* **Lebenserwartung:** *10–12 Jahre* **Welpenpreis:** *ca. 800 Euro*

Whippet

Verwendung: Die Hasenhatz war im 19. Jahrhundert in Nordengland sehr beliebt. Da die dazu verwendeten Terrier den »sportlichen« Engländern immer noch zu langsam waren, kreuzten sie kleinere Greyhounds ein. Es entstand der handliche, blitzschnelle Whippet. Diese Rasse war auch der Rennhund der ärmeren Arbeiterschicht der nordenglischen Grafschaften.

Erziehung: 🐾🐾
Stadt: 🐾🐾
Familie: 🐾
Pflege: 🐾
Beschäftigung: 🐾🐾🐾🐾

Charakter: Als Hausgenosse und Begleithund ist der Whippet ruhig, zärtlich und angenehm. Er liebt sehr engen Körperkontakt, ist sehr anhänglich, wird aber nie aufdringlich. Eng zusammengerollt passt er noch auf die schmalste Couch. Mit anderen Hunden ist er verträglich.

Haltung: Da er im Freien sehr aktiv, lauffreudig und verspielt ist, braucht er ausreichend Gelegenheit, sich auszutoben. Dies darf wegen seines ausgeprägten Hetztriebes nur in abgesichertem Gelände geschehen. Für Agility ist er gut geeignet.

Gesundheit: Keine besonderen Erkrankungen.

Geeignet für: Anfänger

KURZ-INFO FCI-Gruppe 10/Nr. 162: *Windhunde*
Ursprungsland: *Großbritannien* Größe: *43–50 cm* Gewicht: *9–12 kg* Fell: *kurz, fein* Farbe: *alle Farben* Lebenserwartung: *nicht selten über 15 Jahre* Welpenpreis: *bis 800 Euro*

Wolfsspitz

auch: *Deutscher Wolfsspitz*

Verwendung: Nach dem Urteil namhafter Kynologen sind der holländische Keeshound und der Wolfsspitz identisch. In Holland wurde er im Gegensatz zu den edlen Hunderassen des Adels als Hund des Volkes bezeichnet. Als ihn im 18. Jahrhundert ein holländischer Patriot namens Kees zum Maskottchen erkor, hatte er ab da auch seinen Namen. In Deutschland wird er leider immer seltener.

Charakter: Ein sehr guter Wächter mit angeborenem Schutztrieb. Man braucht sehr viel Geduld mit ihm, die sich aber lohnt. Für Kinder ist der Wolfsspitz nicht gerade geeignet, da er gern schnappt.

Haltung: Da er so gut wie nicht wildert, ist er als Haushund in wildreichen Gebieten gut geeignet. Er will gern im Freien sein. Andere Hunde duldet er nicht in seinem Revier.

Gesundheit: Keine besonderen Erkrankungen.

Geeignet für: Anfänger

Erziehung: 🐾🐾🐾
Stadt: 🐾🐾🐾
Familie: 🐾🐾🐾
Pflege: 🐾🐾🐾
Beschäftigung: 🐾🐾🐾

KURZ-INFO **FCI-Gruppe 5/Nr. 97:** *Spitze und Hunde vom Urtyp* **Ursprungsland:** *Deutschland* **Größe:** *45–60 cm* **Gewicht:** *27–37 kg* **Fell:** *lang, üppig, dichte Unterwolle* **Farbe:** *silbergrau mit schwarzen Haarspitzen, schwarzer Fang* **Lebenserwartung:** *12–14 Jahre* **Welpenpreis:** *ca. 600 Euro*

Xoloitzcuintle

auch: *Mexikanischer Nackthund*

Verwendung: Als die Spanier im frühen 16. Jahrhundert Mexiko eroberten, existierte diese Hunderasse bereits. Den Azteken diente er als lebende Wärmflasche, sie schätzten ihn als Delikatesse und opferten ihn ihren Göttern. Der Körperbau dieser Rasse ähnelt dem der Windhunde. Die haarlose Haut muss speziell gepflegt werden. Die Rasse gibt es in groß (Standard), mittel (Zwischenvarietät) und als Miniaturausgabe.

Erziehung: 🐾🐾
Stadt: 🐾
Familie: 🐾
Pflege: 🐾
Beschäftigung: 🐾🐾🐾

Charakter: Es sind lebendige, intelligente, liebevolle Hunde. Zu Fremden freundlich, nicht aggressiv oder scheu.

Haltung: Obwohl sie keine Haare haben, vertragen sie auch kältere Temperaturen, solange sie sich bewegen. Sie brauchen ausgedehnte Spaziergänge, weil sie sehr sportlich und ausdauernd sind. Geeignet für zentralbeheizte Wohnungen und für Menschen mit Hundehaarallergie.

Gesundheit: Fehlende Zähne und Gebissanomalien.

Geeignet für: Fortgeschrittene

KURZ-INFO FCI-Gruppe 5/Nr. 234: *Spitze und Hunde vom Urtyp* **Ursprungsland:** *Mexiko* **Größe:** *41–57 cm* **Gewicht:** *9–14 kg* **Fell:** *haarlos* **Farbe:** *im Winter hellgrau oder rosé, im Sommer dunkelbraun bis schwarz* **Lebenserwartung:** *12–15 Jahre* **Welpenpreis:** *1000–1200 Euro*

Yorkshire Terrier

Verwendung: Ursprünglich musste er in der Grafschaft Yorkshire in den engen, schmutzigen Gängen der Kohlenminen die Ratten bekämpfen. Heute ist er vor allem auf Ausstellungen zu bewundern.

Erziehung:	🐾🐾🐾
Stadt:	🐾
Familie:	🐾🐾
Pflege:	🐾🐾🐾🐾
Beschäftigung:	🐾🐾🐾

Charakter: Prinz Löwenherz in kleinster Verpackung! Die meisten Yorkies ignorieren einfach, dass sie nicht einmal vier Kilogramm wiegen und schlagen in ihrem Größenwahn sogar ausgewachsene Doggen in die Flucht.

Haltung: Da sie von ihren Besitzern im Welpenalter meist nicht auf andere Hunde sozialisiert werden, führen sie sich häufig in der Öffentlichkeit sehr asozial auf. Nicht selten kostet sie dieses Verhalten das Leben, da sie beim größeren Hund nicht die Beißhemmung auslösen.

Gesundheit: Netzhauterkrankungen, Trockenauge (zu wenig Tränenflüssigkeit), Kniescheiben-, Ellenbogenluxation, offene Schädelknochenlücke (Fontanelle), Kollaps der Luftröhre.

Geeignet für: Anfänger

KURZ-INFO **FCI-Gruppe 3/Nr. 86:** *Terrier* **Ursprungsland:** *Großbritannien* **Größe:** *18 cm* **Gewicht:** *etwa 3 kg* **Fell:** *lang, fein, gerade* **Farbe:** *dunkles Stahlblau mit vollem, hellem Tan an Brust, Kopf und Beinen* **Lebenserwartung:** *bis 14 Jahre* **Welpenpreis:** *bis 800 Euro*

Zwergpinscher

auch: *Rehpinscher*

Verwendung: Der aus dem Deutschen Pinscher herausgezüchtete Zwergpinscher war ursprünglich ein draufgängerischer Rattenvernichter. Heute ist er ein reiner Wohnungshund und hat seinen beschränkten Liebhaberkreis.

Erziehung:	🐾🐾🐾
Stadt:	🐾
Familie:	🐾
Pflege:	🐾
Beschäftigung:	🐾🐾🐾

Charakter: Er ist robuster, als man glaubt, lebhaft, intelligent und anhänglich. Aus guter Zucht fallen ihm nicht beinahe die Augen aus den Höhlen, auch zittert er dann nicht auf drei Beinen hüpfend vor sich hin. Guter Wächter, der gern kläfft.

Haltung: Kinder dürfen ihn nicht als »Spielzeug« betrachten und benutzen. Seine feinen Knochen sind sehr bruchgefährdet. Braucht konsequente Erziehung, aber nicht bei jedem kleinen Windhauch gleich einen Mantel.

Gesundheit: Herz- und Gefäßmissbildungen, Harnsteinbildung, Kniescheibenluxation.

Geeignet für: Anfänger

KURZ-INFO **FCI-Gruppe 2/Nr. 185:** *Pinscher und Schnauzer, Molossoide, Schweizer Sennenhunde* **Ursprungsland:** *Deutschland* **Größe:** *25–30 cm* **Gewicht:** *4 kg* **Fell:** *kurz, dicht, glänzend* **Farbe:** *schwarz-lohfarben, leuchtend rot, schokoladen- und rostfarben* **Lebenserwartung:** *13–14 Jahre* **Welpenpreis:** *ca. 800 Euro*

Zwergpudel

Verwendung: Beim Pudel hat man die Auswahl unter vier Größen (→ auch Seite 121, 141, 212). In den 1950er- bis 70er-Jahren, als eine geradezu hysterische Massenzucht einsetzte, wurde auch der Zwergpudel mit psychischen Defekten massenhaft zu seinem Schaden vermehrt. Heute, da er nicht mehr so modern ist, erholt er sich in Händen verantwortungsvoller Züchter langsam wieder.

Erziehung: 🐾
Stadt: 🐾
Familie: 🐾
Pflege: 🐾🐾🐾🐾🐾
Beschäftigung: 🐾🐾🐾

Charakter: Aus guten Zuchten sind sie lustig, verspielt und außergewöhnlich intelligent. Sie freuen sich, wenn man ihnen etwas beibringt, und genießen die menschliche Gesellschaft.

Haltung: Auf Grund ihrer handlichen Größe sind Zwergpudel ideale Wohnungshunde, die nicht haaren, wenn sie regelmäßig getrimmt werden. Sie sind sauber und freundlich, wenn sie richtig sozialisiert wurden.

Gesundheit: Epilepsie, Hautprobleme, Neigung zum Star, Progressive Retinaatrophie (PRA).

Geeignet für: Anfänger

KURZ-INFO FCI-Gruppe 9/Nr. 172: *Gesellschafts- und Begleithunde* **Ursprungsland:** *Frankreich* **Größe:** *28–35 cm* **Gewicht:** *7 kg* **Fell:** *doppelt, üppig, wollig, gut gekräuselt* **Farbe:** *schwarz, weiß, braun, silber und apricot* **Lebenserwartung:** *14–17 Jahre* **Welpenpreis:** *800–900 Euro*

Zwergschnauzer

Verwendung: 1899 wurde der Zwergschnauzer erstmals als eigenständige Rasse ausgestellt. Vorher ließ er sich kaum vom Affenpinscher (→ Seite 28) unterscheiden. Man wollte aber das genaue verkleinerte Ebenbild des Schnauzers. Das ist bis heute gelungen. Massenzucht hat ihm teilweise Wesensschwäche und Erbkrankheiten eingebracht.

Erziehung: 🐾 🐾
Stadt: 🐾
Familie: 🐾 🐾
Pflege: 🐾 🐾 🐾
Beschäftigung: 🐾 🐾 🐾

Charakter: Aus guter Zucht ist er ein selbstbewusster Begleithund. Als unerschrockener Draufgänger ist er auch ein guter Wächter, wobei er aber sehr laut ist. Ein fröhlicher Begleiter bei Wanderungen.

Haltung: Sein Fell sollte regelmäßig getrimmt werden. Seine Erziehung muss früh beginnen und konsequent durchgeführt werden. Er ist auch für ältere Menschen ideal zu halten.

Gesundheit: PRA und andere Augenprobleme, Harnblasensteine, Trockenauge (zu wenig Tränenflüssigkeit), Epilepsie.

Geeignet für: Anfänger

KURZ-INFO **FCI-Gruppe 2/Nr. 183:** *Pinscher und Schnauzer, Molossoide, Schweizer Sennenhunde* **Ursprungsland:** *Deutschland* **Größe:** *30–36 cm* **Gewicht:** *6–7 kg* **Fell:** *rau, drahtig, hart, dichte Unterwolle* **Farbe:** *schwarz, weiß, Pfeffer und Salz, schwarz-silber* **Lebenserwartung:** *ca. 14 Jahre* **Welpenpreis:** *ca. 600 Euro*

Zwergspitz

auch: *Pomeranian*

Verwendung: Sein englischer Name rührt daher, dass der Zwerg, obwohl er aus Pommern stammt, in England und in Amerika viel beliebter war als bei uns. Erst in den 1960er-Jahren kam er wieder nach Deutschland. Seither findet er immer mehr Freunde, obwohl er nicht leicht zu züchten ist.

Erziehung: 🐾 🐾
Stadt: 🐾
Familie: 🐾 🐾
Pflege: 🐾 🐾 🐾 🐾 🐾
Beschäftigung: 🐾 🐾 🐾

Charakter: Ein fröhlicher, selbstbewusster, intelligenter Hund, der seinen Herrn grenzenlos liebt.

Haltung: In seinem Bewachungsverhalten etwas laut. Größeren Hunden gegenüber selbstbewusst bis größenwahnsinnig. Ansonsten geeigneter Familienhund.

Gesundheit: Kniescheibenluxation, Kryptorchismus, Wasserköpfigkeit, PRA, Herz- und Nierenerkrankungen.

Geeignet für: Anfänger

KURZ-INFO FCI-Gruppe 5/Nr. 97: *Spitze und Hunde vom Urtyp* **Ursprungsland:** *Deutschland* **Größe:** *22 cm* **Gewicht:** *2–3 kg* **Fell:** *lang, gerade, sich hart anfühlendes und abstehendes Deckhaar mit dicker Unterwolle* **Farbe:** *schwarz, weiß, braun, orange, grau gewolkt, creme, creme-sable, black and tan; Schecken: Grundfarbe Weiß mit gleichmäßig verteilten Flecken* **Lebenserwartung:** *ca. 15 Jahre* **Welpenpreis:** *ca. 600 Euro*

Auswahl des Hundes

Die Liebe zum Hund darf nicht Ihr einziger Beweggrund sein, sich einen vierbeinigen Gefährten ins Haus zu holen. Welche Gedanken Sie sich vor der Anschaffung machen sollten, erfahren Sie im folgenden Kapitel.

Die Rolle des Hundes in der menschlichen Gesellschaft

Situation früher: Die Lebensumstände unserer Vorfahren als Jäger und Sammler glichen in etwa den Gepflogenheiten der Wölfe. Beide waren permanent auf Nahrungssuche und mussten ihr Revier gegen Eindringlinge verteidigen. Nach seiner Zähmung und Domestizierung konnte der Hund also mit dem Menschen gleichen Interessen nachgehen. Durch ihre Zusammenarbeit bei der Jagd hatten sie mehr Erfolg. Sie passten zusammen, weil sie die gleichen Neigungen befriedigen konnten.

Situation heute: Der moderne Mensch hat sich von der Natur entfernt. Deshalb versteht er den Hund oft nicht mehr. So wird angeborenes Jagdverhalten zum unerwünschten Verhaltensproblem. Während der Hund mit unseren Urahnen rund um die Uhr zusammenlebte, begleitet er uns heute nur noch in der Freizeit. Doch selbst dann kann er nicht überall dabei sein. Das wiederum versteht der Hund nicht, denn er ist 24 Stunden lang Hund und lässt sich nicht ein- und ausschalten. Er kennt auch nicht den Unterschied zwischen Arbeit und Spiel. Zudem haben seine Aufgaben in der heutigen Gesellschaft nichts mehr mit Arbeit im Sinne des Hundes zu tun. Es sind abstrakte soziale Ziele, für die ihn der Mensch heute braucht: Partnerersatz, Kindersatz, Geschwisterersatz, Freizeitpartner, »Sport- und Spielgerät« oder »Renommiergegenstand«. Bei allen diesen neuen Aufgaben des Hundes besteht aber die große Gefahr seiner Vermenschlichung. Sie ist in unserer heutigen Gesellschaft eines der Hauptprobleme der modernen Hundehaltung. In solchen vermenschlichenden Mensch-Hund-Be-

Für die Entwicklung des Hundes ist das gemeinsame Erlebnis wichtig.

Überlegungen vor dem Kauf

Die Liebe zum Tier plus ausreichendes Wissen über die artgerechten Ansprüche des Hundes müssen vorhanden sein, bevor man an die Anschaffung eines Hundes denkt. Der Hund leidet, wenn nur menschliche Interessen zählen und er stets vermenschlicht wird. Überlegen Sie daher vor der Anschaffung immer zuerst: »Warum will ich einen Hund?« Alle Familienmitglieder sollten sich über den Kauf einig sein.

ziehungen werden die Bedürfnisse des Hundes nicht erfüllt, Verhaltensstörungen sind vorprogrammiert. Und in der Rangordnung seiner Familie findet der Hund ebenfalls nicht seinen Platz, wenn er inkonsequent oder antiautoritär erzogen wird. Er wird die Führungsrolle übernehmen und für die Familie zur Gefahr werden.

Abertausende von solchen Hunden enden jährlich als unvermittelbar in den Tierheimen oder füllen die Kassen von Tierpsychologen oder solchen, die es sein wollen. Der Hundesport ohne Leistungsdruck, wie Agility oder Turnierhundesport, wäre eine gute Ersatzbeschäftigung für den arbeitslosen Hund von heute.

> **Von Wasser sind die meisten Hunde so fasziniert wie Kinder.**

Was erwartet der Mensch vom Hund?

Für manche Menschen wäre der Hund zum Ein- und Ausschalten ideal. Sie könnten ihn nach dem Freizeitspaß ohne Gewissensbisse neben dem Surfbrett in der Garage abstellen, bis es wieder Spaß macht, mit ihm etwas zu unternehmen. Der Hund soll in jeder Hinsicht unseren Vorstellungen entsprechen. Dies läuft aber meist seinen Bedürfnissen und angeborenen Trieben zuwider. Er soll beschützen, darf aber Freunden, Nachbarn und Kindern nichts tun, auch wenn sie ihn noch so ärgern. Mit anderen

EXTRATIPP

Informieren ist wichtig
Vor der Anschaffung eines Hundes sollten Sie sich unbedingt ein ausreichendes biologisches Grundwissen und Kenntnisse über die artgerechten Ansprüche eines Hundes aneignen. Gute Vereine und gute private Hundeschulen bieten regelmäßig theoretische Schulungen an. Wichtige Themen siehe Checkliste rechts!

CHECKLISTE

Darüber sollten Sie sich informieren

✔ Wesen und Körpersprache des Hundes
✔ Hundepsychologie
✔ Gesundheit des Hundes
✔ Richtige Hundepflege
✔ Spielerische Welpenaufzucht
✔ Erziehung ohne Zwang
✔ Ausbildung ohne Zwang
✔ Naturgemäße Haltung
✔ Richtige Ernährung
✔ Beschäftigungsspiele
✔ Hundesport

Hunden darf er nicht raufen, muss aber gewinnen, wird er angegriffen. Beim Spaziergang soll er sich austoben, wildern darf er jedoch nicht. Auch wenn er noch so weit entfernt seinen Interessen nachgeht, muss er auf Befehl sofort zurückkommen. Wenn er verbotenerweise an der Leine zieht, wird er abgeleint und darf frei herumlaufen, obwohl er noch nicht erzogen ist. Er darf im Freien Löcher graben, im eigenen Garten aber nicht. Wir erwarten vom Hund, dass er sauber ist, und geben ihm kaum Gelegenheit, die Stubenreinheit zu lernen. Wir verbieten ihm, unappetitliche Dinge zu fressen, wissen aber nicht, dass er von Natur aus Aasfresser ist. Wir erwarten, dass er unsere Sprache versteht, geben uns aber keine Mühe, seine Körpersprache zu lernen. Wir wollen nicht, dass er bettelt, füttern ihn aber vom Tisch. Bei der Begrüßung motivieren wir ihn, stürmisch an uns hochzuspringen, erwarten aber, dass er es bei Fremden unterlässt. Der heutige Mensch braucht den Hund nicht mehr als Helfer, sondern als Freizeitbegleiter. Es darf aber nicht so sein, dass der Hund ihm zur Verfügung steht, wenn es ihm passt, und sonst zu warten hat, ohne Probleme zu machen.

Das Spiel mit dem Frisbee ersetzt entgangenes Jagdvergnügen.

> Bei der richtigen Ernährung ist der Hund vom Menschen abhängig.

> Lustbetontes Spielen muss vom Hund frühzeitig erlernt werden.

Wie der Mensch heute den Hund sieht

Für seine neuen Aufgaben in der heutigen Gesellschaft, die fast ausschließlich im sozialen Bereich liegen, hat der Hund sehr viel aufgeben müssen. Er darf seinen Lebensunterhalt nicht mehr zusammen mit seinem Menschen erjagen. Sein Futter ist pünktlich im Napf. Um die Hündin muss er nicht mehr kämpfen, sie wird zu ihm gebracht. Der frühere Verwendungszweck, für den er einst gezüchtet wurde, ist vielen Menschen nicht einmal bekannt. Auch frühere Gebrauchshunderassen wie der Deutsche Schäferhund werden heute als reine Familienhunde mit Luxus überhäuft. Sie sind arbeitslos – und sie leiden. Sie werden nur noch mehrmals am Tag einfallslos spazieren geführt. Sie bekommen keine Aufgaben mehr, die sie mit ihrer angezüchteten Intelligenz lösen könnten. Daher ist der heutige Hund oft hyperaktiv, unbefriedigt, frustriert und letztlich verhaltensauffällig. Natürlich hat der Hund einen Bewegungsbedarf, den er aber wie der Wolf nicht

---

EXTRATIPP

So macht der Spaziergang Spaß
Gestalten Sie den Spaziergang wie ein Jagdabenteuer. Gehen Sie immer neue Wege, die Ihr Hund noch nicht kennt. Stellen Sie immer wieder verschiedene Aufgaben, die ihm Freude machen, weil er sie bewältigen kann. Wählen Sie Beschäftigungsspiele, die Spaß machen. Egal, was Sie tun, der Hund freut sich, wenn er es zusammen mit Ihnen tun kann.

Auch schwere, massive Hunde zeigen gelegentlich jagdlichen Ehrgeiz.

nur durch sinnloses Laufen abreagieren will. Bewegung eines Tieres ist immer sinngerichtet in eine Tätigkeit eingebunden. Damit die Hunde auf den langweiligen Spaziergängen nicht total verdummen, unternehmen sie selbst etwas, was sie aber nur teilweise befriedigt. Sie entfernen sich immer mehr von ihren Rudelführern und gehen allein jagdlichen Interessen nach. Der Mensch hat das Miteinander mit dem Hund vergessen, aber der Hund gibt sich mit der ihm zugeteilten Rolle nicht zufrieden. Auf Grund seiner sozialen Verhaltensstruktur hat er ja schon zu Urzeiten die Gemeinschaft mit dem Menschen gewählt. Er will mit ihm etwas erleben, wenn sie zusammen ihre »Wohnhöhle« verlassen. Das kann aber nur durch eine sinnvolle Beschäftigung geschehen, wenn der Mensch die Ansprüche seines Hundes kennt.

Der unwissende Mensch aus Sicht des Hundes

> **Kampfspiele müssen vom Menschen aus kontrolliert ablaufen.**

Alles, was wir in Anwesenheit des Hundes tun, wird von ihm registriert und beurteilt. Davon hängt es ab, wer z. B. in Zukunft der Rudelführer ist. Unser Verhalten ist ausschlaggebend, welches Bild sich der Hund von uns macht. Der regelmäßige Spaziergang zeigt ihm jeden Tag aufs Neue, dass wir für die Jagd nicht geeignet sind. Ständig versucht er uns mit verschiedenen hundlichen Gesten und Körpersprachen aufzufordern, gemeinsam zu jagen. Bis er resigniert und allein seinen Interessen nachgeht. Beim Spiel bestimmt er den genauen Ablauf. Er nimmt dadurch die Rechte des Ranghöheren in Anspruch. Wir sind noch stolz darauf, dass uns der Hund das Spielzeug zur Aufforderung bringt und uns auch noch

Auch der »Zwerg« kennt schon die Geste der Spielaufforderung.

bellend den Befehl gibt, den Ball zu werfen. Wir werden zu seiner Ballmaschine, die er beherrscht.

Wenn der Hund auf die Couch springt und der Mensch zur Seite rückt, ist der Hund überzeugt, dass ihm dieser Platz als Ranghöherem zusteht. Wenn der Hund allein die Wohnungstür nach dem Läuten verteidigen darf, bestätigt der Mensch den Hund als ranghohen Verantwortlichen an dieser wichtigen Reviergrenze. Dieser wird sich dann später aber kaum von einem »Rangniedrigen« diese Position streitig machen lassen. Auf Grund dieser menschlichen Fehler, die den Hund in der Gewissheit aufwachsen lassen, dass er der Chef ist, kommt es zu schweren Missverständnissen, die sogar gefährlich werden können. Der Mensch gewährt dem Hund zwar die Freiheiten eines Rudelchefs, in bestimmten Situationen soll der Hund sich dann trotzdem unterordnen. Der erwachsene Hund wird seinen gehobenen Status jedoch mit Zähnen verteidigen, indem er den »Ungehorsamen« diszipliniert.

EXTRATIPP

Die Rangordnung festlegen

Um vom Hund als ranghöher anerkannt zu werden, dürfen Sie nach seinen Regeln keine Fehler machen. So darf der Hund keine höheren Sitzmöbel benutzen. Er darf nicht vor Ihnen gehen, weder durch Türen, auf Treppen oder an der Leine. Beim Spielen legen Sie Anfang und Ende und den Verlauf des Spiels fest. Beim Spaziergang bestimmen Sie die Richtung und das Tempo. Sie verhindern durch Ihre Aktivitäten, dass er sich nur mit seinen eigenen Interessen beschäftigt.

Die Definition des Hundes

Sie könnte lauten: Er ist ein triebgesteuertes Laufraubtier, das in einem sozialen Verband mit einer Rangordnung lebt. Die Gesamtheit seiner Instinkte, seine körperliche Beschaffenheit und seine Sinnesorgane sind bei ihm auf erfolgreiches Jagen ausgerichtet. Unsere Hunde üben sämtliche Jagdsequenzen bis auf das Töten bereits im Welpenalter. Dazu gehören Anschleichen, Fixieren, Jagen, Anspringen, spielerisch Anbeißen und Niederreißen. Gleichzeitig wird während der Prägungsphasen bei diesen Spielen der Grundstein für den sozialen

EXTRATIPP

Der Hund, ein Jäger
Auf das Jagen von Beute sind Anatomie und Verhalten des Hundes abgestimmt – auch heute noch.
Zu seinen Instinkten zählen Jagd-, Rudel-, Sexual- und Territorialinstinkt.
Seine Sinnesorgane, deren Leistungsfähigkeit die der menschlichen Sinnesorgane (Ausnahme Geschmackssinn) weit übertrifft, sind Geruchssinn, Gehör und Bewegungssehen. Es sind die Sinnesorgane eines hervorragenden Jägers.

Scharren nach dem Harnabsetzen verstärkt den Markierungseffekt.

Dieses Verhalten heißt unter Hunden: »Wer bist du denn?«

Umgang mit Artgenossen im späteren Leben gelegt. Der Hund kommt mit seinen angeborenen Instinkten auf die Welt. Sie sollten die Basis für sein Lernen sein. Viele seiner Instinkte benötigt er eigentlich nicht mehr, weil manches natürliche Verhalten heute nicht erwünscht ist und sogar zu Problemen in seinem Umfeld führt. Jedes Verhalten, das uns der Hund zeigt, ist artgerechtes Verhalten. Damit er es nicht am falschen Ort oder zur falschen Zeit zeigt, muss er konsequent erzogen werden. Dabei wird gewünschtes Verhalten gefördert und unerwünschtes Verhalten gehemmt. Wer Hunde jedoch liebt, wird sie mit ihrem Gesamtverhalten und ihrem Wesen akzeptieren, so wie sie sind.

Passung des Hundes

Im Extratipp auf Seite 231 stellte sich die Frage: »Warum will ich einen Hund?« Wenn sich die Familie darüber geeinigt hat, stellt sich auch gleich die nächste sehr wichtige Frage: »Welcher Hund passt zu uns?« Bei der Auswahl der Rasse darf es nämlich primär nicht nur um das Aussehen des Hundes gehen. Vielmehr müssen die Summe seiner Charaktereigenschaften, sein rassespezifischer Verwendungszweck, Haltungsbedingungen, die zukünftige Größe, seine Lebenserwartung, Erziehbarkeit, Familientauglichkeit und Beschäftigungsaufwand bedacht und berücksichtigt werden. Da jeder Hund bestimmte rassebezogene Ansprüche stellt, geht die Frage an uns, ob wir diese Ansprüche auch erfüllen können. Dabei sollte man bedenken, dass man

mit diesem Hund etwa 12 bis 15 Jahre zusammenleben wird. Das kann bei verkehrter Auswahl eine sehr lange Zeit mit dauernder Problembelastung sein. Dass sich sehr viele Hundekäufer über diese notwendigen Überlegungen hinwegsetzen, zeigt die Tatsache, dass fast bei jeder dritten Hundehaltung mehr oder weniger große Probleme auftauchen, weil einfach die »Passung« nicht stimmt.

Die angeborenen, individuellen Besonderheiten der einzelnen Hunderassen, die wiederum nicht zu den Vorstellungen der jeweiligen Menschen passen, können auch vom besten Therapeuten nicht ohne weiteres geändert werden. Dann beginnt ein oft für beide Parteien langer Leidensweg, der jährlich für etwa 200 000 Hunde im Tierheim endet. **»Drum prüfe, wer sich ewig bindet ...«:**

➤ Sind meine familiären, wirtschaftlichen und beruflichen Verhältnisse so geordnet, dass sich unter normalen Umständen in den 12

Extremes Jagdverhalten ist für einen Begleithund unerwünscht.

EXTRATIPP

Richtig beraten lassen

Lassen Sie sich von einem Hundefachmann bei der Auswahl der passenden Rasse helfen. Es sollte jemand sein, der sich mit verschiedenen Rassen auskennt. Fragen Sie einen Tierarzt oder orientieren Sie sich in guten Hundeschulen, deren Ausbilder naturgemäß mit den verschiedensten Rassen zu tun haben. Züchter und Hundebesitzer bestimmter Rassen werden fast immer »ihre« Rasse besonders loben und anpreisen.

bis 15 Jahren mit dem Hund an den Haltungsbedingungen nichts ändert?

➤ Habe ich die Nerven für einen »lebhaften« Hund?

➤ Schaffe ich es zeitlich und konditionell, mit einem besonders »lauffreudigen« Hund täglich zu joggen und Rad zu fahren?

➤ Will ich durch einen »verteidigungsbereiten Beschützer« immer weniger Freunde zu Besuch haben?

➤ Bin ich kräftemäßig in der Lage, dem Hund, wenn er ausgewachsen rassebedingt eventuell zehn Kilogramm mehr auf die Waage bringt als ich, auf der Straße sicher Herr zu werden?

➤ Ist in meiner Mietwohnung die Hundehaltung erlaubt?

1 Erwartungsvoll

2 Neugierde mal drei

3 Freudiger Empfang fördert das Herankommen.

4 Nasentraining

Spielende Welpen **5**

Den passenden Welpen finden

Wenn Sie sich für eine bestimmte Rasse entschieden haben, brauchen Sie einen guten Züchter.

Anforderungen an einen Züchter: Dieser sollte beim VDH (Verband für das Deutsche Hundewesen, Adresse → Seite 255) organisiert sein und die Hundezucht aus Liebhaberei und nicht als Erwerbsquelle betreiben. Er hat oft Wartelisten für Interessenten und wird Ihnen ein Loch in den Bauch fragen, weil er sicher sein will, ob Sie der Richtige für seinen Welpen sind. Wenn er Ihnen teurer erscheint als ein anderer, der seine Welpen über die Zeitung anpreist, dann schauen Sie nicht auf den Euro. Beim Hundekauf sind Sonderangebote am Ende oft teurer.

Den richtigen Züchter finden: Tierärzte und gute Hundeschulen können in der Regel gute Züchter empfehlen. Die Welpenvermittlung des VDH ist ebenso dort zu erfahren. Wenn Ihnen aus einer unsicheren Quelle ein Züchter genannt wird, erkundigen Sie sich beim dortigen Tierschutzverein über den Züchter.

Sollten Sie mit Hunden noch wenig Erfahrung haben, bitten Sie einen Fachmann, zum Kauf mitzufahren. Auch wenn Sie für diesen Service zahlen müssen, kann Ihnen seine Hilfe viel Ärger und Geld ersparen. Es gibt in diesem Geschäft leider schwarze Schafe, die einen Laien sofort erkennen und sein Unwissen ausnützen. Kaufen Sie nie aus Mitleid einen kranken oder verzüchteten Hund. Machen Sie die Wirksamkeit des Kaufvertrages abhängig von einer ärztlichen Untersuchung des Welpen.

EXTRATIPP

Der richtige Welpe

1. Er soll nicht älter als acht bis zehn Wochen und auf den Menschen vorgeprägt sein.
2. Er muss entwurmt und dem Alter entsprechend geimpft sein (Impfpass).
3. Bei einem gesunden Welpen sind Fell, Mund, Augen, Nase, Ohren und After sauber.
4. Er verfolgt aufmerksam, was um ihn herum passiert, und lässt sich zum Spiel motivieren.

Der Aufwand, einen Hund zu halten

> **Für den Hund interessante Spaziergänge sind zeitaufwändig.**

Nehmen Sie sich vor dem Kauf eines Hundes Zeit, um alle Konsequenzen der Anschaffung zu bedenken. Die folgenden Fragen sollen Ihnen bei der Entscheidung eine Hilfe sein.

➤ Haben Sie für den Hund genügend Platz und möglichst einen Garten? Manche Rassen sind für reine Wohnungshaltung ungeeignet.

➤ Haben Sie die Zeit, täglich mit dem Hund zwei bis drei Spaziergänge (selbst bei schlechtem Wetter) zu unternehmen?

➤ Ist sicher gewährleistet, dass der Hund tagsüber nicht länger als höchstens zwei Stunden am Stück allein gelassen wird?

➤ Haben Sie die nötige Zeit für Erziehung, spätere Ausbildung oder sportliche Betätigung Ihres Hundes?

➤ Wollen Sie Ihren Urlaub so planen, dass Sie den

Denken Sie bei längeren Autofahrten an die Bedürfnisse des Hundes.

Hund mitnehmen können? Oder gibt es eine dem Hund vertraute Person, die sich im Urlaub oder im Krankheitsfall um ihn kümmert?

➤ Sind Sie bereit, Futter-, Pflege- und Tierarztkosten sowie Hundesteuer und -haftpflichtversicherung zu bezahlen?

➤ Sind alle Familienmitglieder mit dem Kauf eines Hundes einverstanden?

➤ Ist jemand in der Familie allergisch gegen Hundehaare? Im Zweifelsfall noch vor der Anschaffung des Hundes den Arzt fragen.

➤ Haben Sie sich mit Ihrer Familie geeinigt, wer die Hauptbezugsperson für den Hund werden soll? Jeder Hund, speziell aber die Arbeitsrassen, braucht einen von ihm anerkannten »Rudelführer«, dem er sich unterordnet. Diese Person muss die Grunderziehung und die Ausbildung übernehmen.

➤ Können Sie aus beruflicher und privater Sicht über einen Zeitraum von etwa zwölf Jahren (voraussichtliche Lebenserwartung des Hundes) planen?

➤ Genehmigt Ihr Vermieter die Haltung eines Hundes?

EXTRATIPP

So viel kostet ein Hund

Der finanzielle Aufwand für einen Hund mittlerer Größe bei einer Lebenserwartung von ca. zwölf Jahren beläuft sich für Ankauf, Futter, Pflege, Tierarzt (ohne besondere Erkrankungen), Steuer und Versicherung auf ca. 12 000 Euro. Der Jahresbeitrag für einen Hundeverein ist mit 50 bis 70 Euro zu veranschlagen. Erziehungskurse kosten 100 bis 150 Euro. Als zeitlichen Aufwand für Sport mit dem Hund im Verein können Sie wöchentlich 2- bis 3-mal je bis zu drei Stunden ansetzen.

Krankheiten von A bis Z

➤ Albinismus
Pigmentmangel. Folgen: Lichtallergie, oft gekoppelt mit Taubblindheit.

➤ Anämie
Mangel an roten Blutkörperchen. Folgen: allgemeiner Leistungsmangel.

➤ Autoimmunkrankheit
Körpereigene Stoffe werden vom Körper angegriffen. Folgen: Hautkrankheiten, Atembeschwerden.

➤ Bauchspeicheldrüsen-Unterfunktion
Folgen: Blutzucker-, Verdauungsstörungen.

➤ Blaues Dobermannsyndrom
Farbaufhellung. Folgen: Haarausfall, Ekzeme.

➤ Blutplättchenmangel
Folgen: schlecht stillbare Blutungen.

➤ Collie-eye-Anomalie
Netzhautveränderungen, die zu Erblindung führen.

➤ Dackellähme
Bandscheiben- und Wirbelschäden mit unterschiedlichen Auswirkungen.

➤ Darmausstülpung
Taschenbildung im Dickdarm. Folgen: Verdauungsstörungen.

➤ Demodikose
Durch Milben verursacht; in bösartiger Form unheilbar.

➤ Depigmentierung des Nasenspiegels
Folgen: hoch empfindlich gegen Sonneneinwirkung.

➤ Dickdarmriesenwuchs
Folgen: mangelhafte Verdauung, Selbstvergiftung durch Kotstau.

➤ Eklampsie
Kalziummangel vor, während und nach der Geburt. Folgen: höchste Lebensgefahr.

➤ Ektropium
Nach außen fallende Lidränder. Folgen: chronische Bindehautentzündungen.

➤ Ellenbogendysplasie
Angeborene Veränderung des Ellenbogengelenks. Folgen: Lahmheit.

➤ Ellenbogenluxation
Ausgerenktes Ellenbogengelenk. Folgen: hochgradige Lahmheit.

➤ **Entropium**
Nach innen gerollte Lidränder. Folgen: hochgradige Entzündungen von Binde- und Hornhaut.

➤ **Epulitiden**
Zahnfleischwucherungen, oft bösartig.

➤ **Farbaufhellungskrankheit**
Folgen: Lichtempfindlichkeit.

➤ **Frakturneigung**
Neigung zu Knochenbrüchen.

➤ **Gaumen-Rachen-Spalte**
Folgen: Schwierigkeiten bei der Nahrungsaufnahme.

➤ **Gaumensegel zu lang**
Folgen: Atemschwierigkeiten mit Auswirkung auf Herz und Lunge bis zum Tod.

➤ **Glykogenspeicherkrankheit**
Lebererkrankung. Folgen: tödlich.

➤ **Greyhoundkrampf**
Krampf in der Hinterhandmuskulatur.

➤ **Haareinlagerungen in die Unterhaut**
Folgen: schwerste Hautinfektionen.

➤ **Hautanlagen auf der Hornhaut**
Missbildung. Folgen: muss operiert werden.

➤ **Hüftgelenksdysplasie (HD)**
Krankhafte Veränderung des Hüftgelenks, erblich.

➤ **Intersexualität**
Vorkommen beider Geschlechtsmerkmale in einem Individuum. Folgen: meist Unfruchtbarkeit.

➤ **Kahnbeinfrakturen**
Neigung zu Brüchen des Vorderfußwurzelgelenks durch Überbelastung.

➤ **Keilwirbelbildung**
Krankhafte Veränderung der Wirbel. Folgen: Lähmungen.

➤ **Knickrute**
Knicke in oder zwischen den Rutenwirbeln; erblich. Schönheitsfehler.

➤ **Kniescheibenluxation**
Ausgeschlagene Kniescheibenlagerung. Folgen: unterschiedliche Lahmheit.

➤ **Knochenauftreibungen**
Anomale Vermehrung der Knochensubstanz. Folgen: schmerzhaftes Lahmen.

➤ **Knopfrute**
Verkrüppelte und verkürzte Rute. Folgen: häufig Ekzeme

unter der Rute; bei unkritischer Weiterverwendung solcher Hunde in der Zucht Rückenmarkschäden.

➤ **Kollaps der Luftröhre**
Einengung der Luftröhre infolge Instabilität. Folgen: tödlich.

➤ **Kryptorchismus**
Kein normaler Hodenabstieg in den Hodensack. Folgen: häufig im Alter tumoröse Entartungen.

➤ **Kupfervergiftung**
Vergiftung des Körpers durch mangelnde Ausscheidung von Kupfer. Folgen: tödlich.

➤ **Lichtekzem (Collie nose)**
Hochempfindlichkeit gegen Licht durch Pigmentmangel.

➤ **Linsenluxation**
Linse dreht sich aus ihrem Standort. Folgen: Sehbehinderung bis zur Erblindung.

➤ **Livershunt**
Leber wird nicht durchblutet.

➤ **Löwenkiefer**
bekannt auch als CMO: Craniomandibuläre Osteopathie. Gummiartige, entkalkte Kieferknochen. Folgen: Beeinträchtigung des Gleichgewichtssinns.

➤ **Merle-Faktor**
Farbveränderung im Fell, die häufig mit Blind- und Taubheit verbunden ist, erblich (→ Seite 18).

➤ **Mikrophthalmus**
Zu kleine Augen. Folgen: siehe Entropium; Sehbehinderung bis zur Blindheit.

➤ **Milchzahnpersistenz**
Milchzähne lockern sich nicht. Folgen: Fehlstellung des zweiten Gebisses.

➤ **Narkolepsie**
Ausfallerscheinungen im zentralen Nervensystem während und nach der Narkose.

➤ **Nebennierenrinden-Unterversorgung**
Folgen: mangelhafte Abwehr von Infektionen.

➤ **Nickhautverdrehung**
Folgen: Schädigung von Binde- und Hornhaut.

➤ **Panzerherz**
Verhärtung der vergrößerten Herzmuskulatur. Folge: tödlicher Herzmuskelriss.

➤ **Perthes-Krankheit**
Oberschenkelkopf löst sich auf.

➤ **Progressive Retinaatrophie (PRA)**
Fortschreitender Schwund der Netzhaut. Folgen: Erblindung.

➤ **Pylorusstenose**
Verschluss des Magenaus-

gangs. Folgen: Überfüllung des Magens, dauerndes Erbrechen und Magerkeit.

➤ Rückenmarkhaut-Verknöcherung
Folgen: Lahmheit bis zur Querschnittslähmung.

➤ Schnauzer-Comedo-Syndrom
Hautanhängsel. Folgen: Verletzungsgefahr mit Blutung, Hautentzündung und Haarausfall im Wirbelsäulenbereich.

➤ Schottenkrankheit oder -krampf
Angeborene Muskelkrämpfe. Folgen: Versteifung des Gangwerks bis zur völligen Bewegungsunfähigkeit.

➤ Sesambeinteilung
Zweiteilung von Knochen. Folgen: Lahmheit.

➤ Spaltwirbelsäule
Folgen: Lahmheit bis zur Bewegungsunfähigkeit.

➤ Spondylose
Veränderungen an der Wirbelsäule durch Zubildung (Brückenbildung). Folgen: evtl. Versteifung.

➤ Stufenbildung im Ellenbogengelenk
Kann mit Arthrosen und Frakturen einhergehen. Folgen: unterschiedliche Grade von Lahmheit.

➤ Stuhlbeinigkeit
Keine Winkelung der Hinterbeine. Folgen: lockere Kniescheiben, Deformation der Sprunggelenke.

➤ Überproduktion von Nebennierenrinden-Hormon
Folgen: aufgetriebener Bauch, Entkalkung der Knochen.

➤ Unterentwicklung der Nierenrinde
Folgen: Harnvergiftung, Tod.

➤ Verkümmerung der Bauchspeicheldrüse
Folgen: Verdauungsprobleme, Zuckerkrankheit.

➤ Verwachsung der Wirbelsäule
Folgen: Versteifung der Wirbelsäule, Laufbehinderung.

➤ Zerstörung von Oberarm- und Oberschenkelkopf
Folgen: graduell unterschiedliche Lahmheit.

➤ Zervikale Myelopathie
Rückenmarkschädigung als Folge degenerativer Wirbelsäulenveränderungen.

➤ Zu kleiner Augapfel
siehe Mikrophthalmus.

Rassenregister

Halbfett gesetzte Seitenzahlen verweisen auf Abbildungen.
U bedeutet Umschlagseite.

Affenpinscher 28, **28**
Afghan Hound 29
Afghanischer Windhund **15**,
  27, 29, **29**
Airedale Terrier 27, 30, **30**
Akbash 31, **31**
Akita Inu 27, 32, **32**
Alaskan Malamute 27, 33, **33**
American Bulldog 34, **34**
American Cocker Spaniel 37
American Staffordshire
  Terrier 35, **35**
American Water Spaniel 36, **36**
Amerikanischer Akita Inu 118
Amerikanischer
  Cocker Spaniel 37, **37**
Amerikanisch-Kanadischer
  Weißer Schäferhund 215
Appenzeller Sennenhund 8, 38,
  38
Arabischer Windhund 203
Australian Cattle Dog 39, **39**
Australian Kelpie 40, **40**
Australian Shepherd **U2**, 26,
  41, **41**, **234o.**
Australian Silky Terrier 42, **42**
Australian Terrier 43, **43**
Azawakh 44, **44**

Barsoi 45, **45**
Barzoi 45
Basenji 10, 46, **46**
Basset Hound 47, **47**
Bayerischer Gebirgs-
  schweißhund 48, **48**
Beagle **18li.**, 49, **49**, 228, **U4u.**
Bearded Collie 26, 50, **50**, 248
Beauceron 27, 52
Bedlington Terrier 51, **51**
Belgischer Schäferhund 117,
  147, 155, 208
Berger de Beauce 52, **52**
Berger de Brie 53, **53**, **U4mi.**
Berger de Picardie 54, **54**

Berger des Pyrénées 55, **55**
Berger Picardie 54
Berner Sennenhund 8, 26,
  56, **56**
Bernhardiner 27, 57, **57**
Bichon à poil frisé 58, **58**
Bichon Havanais 123
Bingley Terrier 30
Bloodhound 59, **59**
Bluthund 59
Bobtail 168
Bolognese 60
Bologneser 60, **60**
Bordeaux-Dogge 61, **61**
Border Collie **6**, 27, 62, **62**
Border Terrier 63, **63**
Boston Terrier 64, **64**
Bouledogue français 112
Bouvier des Flandres 65, **65**
Brandlbracke 66, **66**
Bretonischer Vorstehhund 105
Briard 27, 53
Brüsseler Griffon 67, **67**
Buhund 68, **68**
Bulldog 100
Bullmastiff 69, **69**, 235
Bull Terrier 70
Bullterrier 70, **70**

Cairn Terrier 26, 71, **71**
Canaan Dog 10, 133
Cane da pastore Maremmano-
  Abruzzese 158
Cavalier King Charles Spaniel
  26, 72, **72**
Ceskoslovensky Vlcak 213
Chart Polski 73, **73**
Chesapeake Bay Retriever 74,
  74
Chien de Montagne
  des Pyrénées 183
Chien de Saint-Hubert 59
Chihuahua 75, **75**
Chin 131

Chinese Crested Dog 76
Chinesischer Schopfhund
  76, **76**
Chow Chow 27, 77, **77**
Cirneco dell'Etna 10
Clumber Spaniel 78, **78**
Cocker Spaniel 26, 79, **79**
Collie Kurzhaar 80, **80**
Collie Langhaar 26, 81, **81**,
  U4o.
Coton de Tuléar 82, **82**
Curly-Coated Retriever 83, **83**

Dachshund 9, 13, 26, 84, 85
Dackel 84, 85
Dalmatinac 86
Dalmatiner **11**, 26, 86, **86**
Dandie Dinmont Terrier 87, **87**
Deerhound 88, **88**
Deutsch Drahthaar 27, 89, **89**
Deutsch Kurzhaar 27, 90, **90**
Deutsch Langhaar 91, **91**
Deutsche Dogge 27, 92, **92**
Deutscher Boxer 26, 93, **93**
Deutscher Jagdterrier 94, **94**
Deutscher Pinscher 176
Deutscher Schäferhund 27, 95,
  95, 234
Deutscher Spitz 7, 10
Deutscher Wachtelhund
  13, 96, **96**
Deutscher Wolfsspitz 221
Do Khyi 97, **97**
Dobermann 27, 98, **98**,
  246re.
Dogo Argentino 99, **99**
Dogue de Bordeaux 61

English Bulldog 100, **100**
English Cocker Spaniel 79
English Foxhound 101, **101**
English Pointer 178
English Setter 27, 102, **102**
English Springer Spaniel 26,
  103, **103**
Entlebucher Sennenhund
  8, 104, **104**
Epagneul Breton 105, **105**
Eurasier 26, 106, **106**

Field Spaniel 107, **107**
Finnenspitz 108, **108**
Flat-Coated Retriever 109,
  109
Foxterrier Drahthaar **23**, 110,
  110
Foxterrier Glatthaar 111, **111**
Französische Bulldogge 112,
  112

Golden Retriever **3**, **13**, 26,
  113, **113**
Gordon Setter 27, 114, **114**
Gos d'Atura Catalá 115, **115**
Great Japanese Dog 118
Greyhound 116, **116**
Griffon bruxellois 67
Groenendael 117, **117**
Großer Japanischer Hund 118,
  118
Großer Münsterländer 119,
  119
Großer Schweizer
  Sennenhund **7**, 8, 120, **120**
Großpudel 121, **121**
Großspitz 204, **204**, 205

Harzer Fuchs 122, **122**
Havaneser 123, **123**
Hovawart 26, 124, **124**

Ibiza-Podenco 10
Illyrischer Schäferhund 190
Irish Red Setter 125, **125**
Irish Setter 27, 125
Irish Soft Coated Wheaten
  Terrier 126, **126**
Irish Terrier 127, **127**
Irish Water Spaniel **12u.**, 13,
  128, **128**
Irish Wolfhound 27, 129, **129**
Italienisches Windspiel 130,
  130

Jack Russell Terrier **5**, 8, 171
Japan Chin 131, **131**
Japan Spitz 132, **132**
Jugoslawischer Schäferhund
  190

Kanaan Hund 133, **133**
Kanarischer Podenco 10
Kangal 134, **134**
Kaninchendackel 84, 85
Karabash 135, **135**
Karelischer Bärenhund 136,
136
Karjalankarhukoira 136
Katalonischer Schäferhund 115
Kaukasischer Ovtcharka 137,
137
Kavkazskaia Ovtcharka 137
Kelb Tal Fenek 175
Kerry Blue Terrier 138, **138**
King Charles Spaniel 139, **139**
Kleiner Münsterländer 140,
140
Kleinpudel 141, **141**
Kleinspitz 204, 205, **205**
Komondor 142, **142**
Königspudel 121
Kooikerhondje 143, **143**
Kromfohrländer **U1**, 26, 144,
144
Kurzhaardackel 84, **84**, 85
Kuvasz 27, 145, **145**

Labrador Retriever **U2o.li.,**
o.mi., o.re., mi.li., 26, 146,
146
Laekenois 147, **147**
Lakeland Terrier 148, **148**
Landseer 26, 149, **149**
Langhaardackel 84, 85, **85**
Leonberger 150, **150**
Lhasa Apso 151, **151**
Löwchen 152, **152**
Löwenhund 184
Lundehund 153, **153**

Magyar Vizsla 154, **154**
Malinois 27, 155, **155**
Maltese 156
Malteser 156, **156**
Manchester Terrier 157, **157**
Maremmen-Abruzzen-
Schäferhund 158, **158**
Mastiff 159, **159**
Mastino Napoletano 160, **160**

Mexikanischer Nackthund 10,
222
Mittelspitz 204, 205, **205**
Molossoide 6
Mops **2**, 161, **161**
Mudi 162, **162**

Nachtfalter 174
Neufundländer 26, 163, **163**
Newfoundland 163
Nihon Supittsu 132
Norfolk Terrier 164, **164**
Norsk Buhund 68
Norsk Elghund grå 165
Norsk Lundehund 153
Norwegischer Elchhund
grau 165, **165**
Norwich Terrier 166, **166**
Nova Scotia Duck
Tolling Retriever 167, **167**

Old English Sheepdog 26, 168,
168
Otterhound 169, **169**

Papillon 170, **170**
Parson Jack Russell Terrier 27,
171, **171**
Parson Russell Terrier 171
Peking Palasthund 172
Pekingese 172, **172**
Peruanischer Nackthund 10
Petit Basset Griffon Vendéen
173, **173**
Petit chien lion 152
Phalène 174, **174**
Pharaoh Hound 10, 175, **175**
Pharaonenhund 175
Piccolo Levriero Italiano 130
Pinscher 6, 28, 176, **176**, 224
Pit Bull **16**
Podenco Ibicenco **10**, 177, **177**
Pointer 178, **178**
Polnischer Windhund 73
Polski Owczarek Nizinny 179,
179
Pomeranian 227
PON 179
Portugiesischer Podengo 10

Pudel 26, 121, 141, 212, 225
Pudelpointer 180, **180**
Pug 161
Puli 181, **181**
Pumi 182, **182**
Pyrenäen-Berghund 183, **183**
Pyrenäen-Schäferhund 55

Rauhaardackel **4**, **9**, **19**, 21, 84, 85, **85**, **247**
Rehpinscher 224
Retriever 12, **13**, 74, 83, 109, 113, 146, 167,
Rhodesian Ridgeback 27, 184, **184**
Riesenschnauzer 27, 185, **185**
Rottweiler 6, 27, 186, **186**
Russkaya Psovaya Borzaya 45

Saarloos Wolfhond 187, **187**
Saluki 188, **188**
Samoiedskaia Sabaka 189
Samojede 189, **189**
Sarplaninac 190, **190**
Schapendoes 191, **191**
Schipperke 192, **192**
Schmetterlingshündchen 170
Schnauzer 6, 185, 193, **193**, 226
Schwarzer Terrier 194, **194**
Schweizer Sennenhunde 6, 8, 38, 56, 104, 120, **246li.**
Scottish Terrier 195, **195**
Sealyham Terrier 196, **196**
Setter 102, 114, 125
Shar Pei 197, **197**
Sheltie 198
Shetland Sheepdog 26, 198, **198**
Shiba Inu 199, **199**
Shih Tzu 200, **200**
Siberian Husky **22**, 27, 201, **201**
Siegerländer Fuchs 122
Skye Terrier 202, **202**
Sloughi 203, **203**
Spaniel 13, 36, 37, 72, 78, 79, 103, 107, 128, 139, 207, 209
Spitz 9, 10, 26, 108, 132, 204, 205, 221, 227
St. Bernhardshund 57
Staffordshire Bull Terrier 206

Staffordshire Bullterrier 206, **206**
Suomenpystykorva 108
Sussex Spaniel 207, **207**

Tazi 188
Tchiorny Terrier 194
Terrier 8, 9, 30, 35, 42, 43, 51, 63, 65, 70, 71, 87, 94, 110, 111, 126, 127, 138, 148, 157, 164, 166, 171, 194, 195, 196, 202, 206, 210, 217, 218, 223
Tervueren **25**, 208, **208**
Tibet-Dogge **7**, 97
Tibet Spaniel 209, **209**
Tibet Terrier 210, **210**
Tibetan Spaniel 209
Tibetan Terrier 210
Tiroler Bracke 211, **211**
Toy Pudel 212, **212**
Tschechoslowakischer Wolfshund 213, **213**

Ungarischer Vorstehhund 154

Weimaraner 214, **214**
Weißer Schweizer Schäferhund 215, **215**
Welsh Corgi Cardigan 216, **216**
Welsh Corgi Pembroke 216
Welsh Terrier 217, **217**
West Highland White Terrier 26, 218, **218**, **234u.**
Westie 218
Westsibirischer Laika 219, **219**
Whippet 220, **220**
Wolfsspitz 221, **221**

Xoloitzcuintle 222, **222**

Yorkshire Terrier 26, 223, **223**

Zapadno-Sibirskaia Laika 219
Zwergdackel 84, 85
Zwergpinscher 224, **224**
Zwergpudel 225, **225**
Zwergschnauzer 26, 226, **226**
Zwergspitz 227, **227**

Sachregister

Halbfett gesetzte Seitenzahlen verweisen auf Abbildungen.
U bedeutet Umschlagseite.

Anfängerhunde 26
Apportieren 12
Apportierhunde 12
Auswahl der Rasse 240
Auswahl des Welpen 243
Autofahren 245

Begleithunde 10, 12, 13, 14, **14**, 15
Begleithunde-Prüfung 15

Dachshunde 9

Erdhunde 9
Ernährung 234

Fachausdrücke 18–21

Gesellschaftshunde 14

Halsband U2, **U2**
Halti U2, **U2**
Hatzrüden 15
Herdenschutzhunde 6, 7
Hetzhunde 15
Hetztrieb 16
Hund
– für Anfänger 26
– für Fortgeschrittene 27
–, Kosten eines 245
Hunde vom Urtyp 9, 10, 11
Hundebegegnung **238**
Hundehaltung
–, Aufwand der 244
Hundeporträts 28–227
Hundezubehör U2
Hütehunde 6, 10

Jagdhunde 8, 9, 10, 12
Jagdverhalten 230, 239

Kampfhunde 16, 17
Kampfspiele 236, **236**
Kommunikation unter
Hunden **239u.**
Kosten 245
Krankheiten von A bis Z 246–249
Kupieren 14

Laufhunde 10, 12
Leine U2, **U2**

Markierungsverhalten **239o.**
Mediterrane Laufhunde 10
Mischlinge 17, **17**, **18re.**

Rangordnung 231, 236
– festlegen 237
Rattler 6
Retriever 12, **13**

Saurüden 15
Schlittenhunde 10
Schweißhunde 10
Spaziergang 244
–, richtiger 234
Spielaufforderung **237**
Spielen 230, 233, 234, 236
Spielzeug U2, **U2**
Spitze 9
Stöberhunde 12, 13

Treibhunde 6, 7

Überlegungen vor dem Kauf 231

Vorstehhunde 12

Wasserhunde 12
Welpentest 243
Winde 15
Windhunde 15, **15**
Windhundrennen 16

Züchter, richtiger 243
Zughunde 8

Adressen

Verbände/Vereine

Fédération Cynologique Internationale (FCI),
Place Albert 1er, 13,
B-6530 Thuin,
www.fci.be

Verband für das Deutsche Hundewesen e.V. (VDH),
Postfach 104154,
44041 Dortmund,
www.vdh.de

Österreichischer Kynologenverband (ÖKV),
Siegfried Marcus-Str. 7,
A-2362 Biedermannsdorf,
www.oekv.at

Schweizerische Kynologische Gesellschaft (SKG/SCS),
Postfach 8276,
CH-3012 Bern,
www.hundeweb.org

Anschriften von Rassehund-zucht- und -sportvereinen können Sie bei den vorgenannten Verbänden erfragen.

Fragen zur Haltung beantworten

Ihr Zoofachhändler und der Zentralverband Zoologischer Fachbetriebe Deutschlands e.V. (ZZF),
Rheinstraße 35,
63225 Langen,
Tel. 06103/ 910732
(nur telefonische Auskunft möglich),
www.zzf.de

Haftplichtversicherung

Fast alle Versicherungen bieten auch Haftpflichtversicherungen für Hunde an.

Krankenversicherung

Uelzener Allgemeine Versicherungsgesellschaft AG,
Postfach 2136,
29511 Uelzen,
www.uelzener.de

AGILA Haustier-Krankenversicherung AG,
Breite Straße 6-8,
30159 Hannover,
www.agila.de

Registrierung

Haustierzentralregister, TASSO e.V.,
Frankfurter Straße 20,
65795 Hattersheim,
Tel. 06190/937300,
www.tiernotruf.org

Internationale Zentrale Tierregistrierung (IFTA),
Weiherstraße 8,
88145 Maria Thann,
Tel. 00800/843773-447837
(kostenlos),
www.tierregistrierung.de

Deutsches Haustierregister,
Deutscher Tierschutzbund e.V.,
Baumschulallee 15,
53115 Bonn,
www.tierschutzbund.de
Wer seinen Hund vor Tierfängern und dem Tod im Versuchslabor schützen will, kann ihn hier registrieren lassen.

Titelbild: Kromfohrländer **Rückseite**: Langhaar-Collie (oben); Berger de Brie (Mitte); Beagle (unten).

Die Fotografen
Bilder Pur/Klein, Hubert: 89; **Bilder Pur/Steimer**: 77; **Cogis/Alexis**: 192, 207; **Cogis/DR**: 58; **Cogis/Français**: 80, 148, 206, 211; **Cogis/Gauzargue**: 133, 150, 166, 213, 217; **Cogis/Hermeline**: 78, 87, 115, 147, 153, 158, 162, 177, 181, 202, 222; **Cogis/Labat**: 44, 108, 191; **Cogis/Lanceau**: 12 u., 126, 139, 163, 190, 195; **Cogis/Niçaise**: 68, 127, 131, 132, 165, 169; **Cogis/Simon**: 174, 209; **Cogis/Vedie**: 175; **Juniors/Botzenhardt**: 71, 196, 212; **Juniors/Brinkmann**: 32, 34, 143, 157; **Juniors/Cherek**: 197; **Juniors/Essler**: 98; **Juniors/Farkaschovsky**: 201; **Juniors/Freiburg**: 88, 122; **Juniors/Köpfle**: 224; **Juniors/Krämer**: 16, 31, 35, 40, 53, 54, 59, 65, 101, 173, 240; **Juniors/Kuczka**: 159; **Juniors/Naroska**: 91; **Juniors/Prawitz**: 69, 83, 142, 149, 220; **Juniors/Schanz**: 33, 36, 121, 188, 203; **Juniors/Stuewer**: 194; **Juniors/Wegler**: 57, 84, 145, 146, 176, 178, 187, 199, 200, 208, 225, 227; **Juniors/Wegner**: 47, 55; **Krämer**: 42, 60, 62, 64, 67, 73, 105, 107, 118, 128, 130, 134, 136, 154, 160, 168, 180, 182, 219; **Layer**: 129; **Raab**: 52; **Reinhard**: 9, 22, 48, 51, 56, 151; **Schanz**: 3 u., 10, 14, 37, 43, 46, 61, 63, 66, 72, 100, 104, 110, 111, 114, 117, 123, 137, 138, 141, 152, 164, 171, 179, 186, 204, 205 li., 210, 221; **Silvestris/Lenz**: 2 u.re., 198; **Silvestris/Sunset**: 235; **Steimer**: U2, 2 o., 3 o., 4, 5, 6, 7, 8, 11, 12 o., 13, 15, 17, 18, 19, 21, 23, 28, 38, 39, 41, 49, 50, 74, 75, 76, 79, 82, 85, 86, 90, 93, 94, 97, 99, 103, 109, 112, 119, 120, 125, 135, 140, 144, 155, 156, 161, 167, 170, 183, 184, 185, 189, 193, 205 re., 214, 215, 216, 218, 226, 228, 230, 231, 233, 234, 236, 238, 239, 241, 242 o.li., o.re., mi., u.li., 244, 245, 246, 247, 249, U4 o., U4 mi.; **Wegler**: U1, 2 u.li., 25, 29, 30, 45, 70, 81, 92, 95, 96, 102, 106, 113, 116, 124, 172, 223, 229, 232, 237, 242 u.re., U4 u.

Dank
Autor und Verlag danken Herrn Rechtsanwalt Reinhard Hahn für die juristische Beratung.

Ein Unternehmen der
GANSKE VERLAGSGRUPPE

Leitende Redaktion: Anita Zellner
Redaktion: Angelika Lang
Umschlaggestaltung und Layout: Cordula Schaaf
Herstellung: Susanne Mühldorfer
Satz: Cordula Schaaf
Reproduktion: Penta, München
Druck: Appl, Wemding
Bindung: Druckerei Auer, Donauwörth
Printed in Germany
ISBN 3-7742-5771-X

Auflage:	5.	4.	3.
Jahr:	06	05	04